L'Editore ha fatto il possibile per reperire i proprietari dei diritti,
e rimane a disposizione per gli adempimenti d'uso.



2018 Baldini&Castoldi s.r.l. - Milano
ISBN 978-88-9388-125-8

Terza edizione Baldini+Castoldi - La nave di Teseo dicembre 2018

www.baldinicastoldi.it
info@baldinicastoldi.it

BaldiniCastoldi
BaldiniCastoldi
baldinicastoldi
baldinicastoldi

# CRISTIANO MILITELLO

# CARTELLI D'ITALIA

## (PRESA IN) GIRO D'ITALIA IN 1000 CARTELLI

CON LA COLLABORAZIONE DI DARIO FERRIGNO

Baldini+Castoldi

PAPA NON ENTRARE
NELA NOSTRA CAMERA
PERCHE E CHIUSA A CHIAVE

«Papà ho fatto una scelta:
ad esempio,
se c'è un libro che si rompe
e te che muori,
io lascio che il libro si rompe.
Ti voglio bene.»

*Anna – all'età di 6 anni*

Mio figlio osserva accigliato
l'illustrazione di un libro
in cui un dinosauro
mangia l'erba di un prato:
«Poveri bimbi, adesso come fanno
a giocare a palla?»

*Filippo Romeo – all'età di 2 anni*

# RINGRAZIAMENTI

Solitamente i ringraziamenti vanno in coda al libro, in questo mio – invece – voglio metterli all'inizio.
E allora grazie a:

- Tutti quelli che nel tempo mi hanno mandato le loro foto – anche solo una, anche sfocata, anche incomprensibile – alla mail gabibbo@mediaset.it, al 331/8090101 di Radio R101, presso i miei social. Grazie a tutti. Anche quelli a cui non ho mai avuto cuore di replicare che il presunto sfondone segnalatomi, in realtà, era scritto correttamente...
- Antonio Ricci per essere stato – nei miei confronti – sempre più Antonio che Ricci. Il fido Dario Ferrigno, Lorenzo Beccati e l'intero clan di Striscia la notizia per il prezioso lavoro insieme e per il supporto.
- I miei soci della «Banda di R101»: non potrei alzarmi all'alba da dieci anni se non sapessi di venire a divertirmi ogni mattina con voi.
- Radio R101 e Daniele Tognacca per aver intuìto che certi capolavori possono anche essere raccontati, senza per forza essere visti.
- I miei inossidabili «badanti» Francesco Carabelli (suo è il titolo del libro) e Andrea De Falco, anche per sopportare il mio Medioevo tecnologico.
- Andrea Camerini e Alessandro Meazza: fiancheggiatori e amici.
- Massimo Zoli e i ragazzi di Ridens, la mia agenzia: fate uno sporco lavoro ma lo fate bene.
- Alla memoria di Cippi Pitschen, fotografo giramondo. È stato un onore prefare l'intera tua saga «Muri bianchi, popolo muto».
- I ragazzi di Baldini+Castoldi, in particolare Luca, Claudia, Francesca, Anna, Giulia, Antonella ed Emanuele.

# NOTE PER IL LETTORE

**N.B. 1** Buona parte delle foto proposte reca con sé un commento divertente, esattamente come accade nei miei servizi in tv. Molte altre, invece, sono talmente folgoranti e autoesplicative che non hanno alcun tipo di didascalia. Vanno lette e assaporate così come sono, al naturale.

**N.B. 2** Ah, un avviso per i precisetti: il sottotitolo del libro parla di **«1000 cartelli»**, ecco, sappiate che nessuno di noi li ha contati esattamente e magari sono un po' di meno, però mille suonava bene. Oddio, se state leggendo questa nota, al 99% il libro ormai lo avete comprato, però ci tenevo a dirvelo!

# SU COL MURALES

+PROMISQUITÁ
-UNIVERSITÁ

BASTA FACEBOOK
MENAMOSE

buongiorno Principessa
UN CAZZO

CHI CANCELLA
È TEDESCO

FAI SCHIFO
ANCHE QUANDO SONO UBRIACO

FANCULO I RIFUGIAT
VIVA LA SORCA !

DIGOS: NEANCHE IL FASCINO DELLA DIVISA

HAI UN CULO DA
TAFFERUGLI

CIO IL
CULO ALLA
BELEN

CHI MANGIA
E
NON
INGRASSA
NON
MERITA
RISPETTO

DON MATTEO
AMICO DELLE GUARDIE

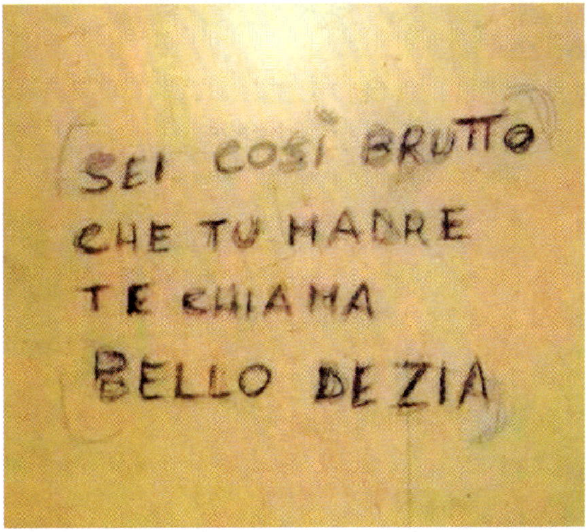
SEI COSÌ BRUTTO
CHE TU MADRE
TE CHIAMA
BELLO DE ZIA

IERI TI AMAVO MENO DI DOMANI
DOMANI TI AMERÒ PIÙ DI IERI
È OGGI CHE TI SCHIFO

epìLate
esperti in epiLazione definitiva
DONNA BAFFUTA
sempre piaciuta

VI CAGO
NEI RISVOLTINI

SEI INUTILE
COME LA
PRODI
MARLBORO

MARO'

FA TALMENTE FREDDO
CHE LI TESTIMONI DE
GEOVA TE TELEFONANO

IO NON SO
INDIGNATA
A ME ME RODE
PROPRIO ER
CULO

LA MIA PREFERITA DI TUTTO IL LIBRO

PADRE PIO
E' DELL'ISIS

UMBERTO
SMAILA
COME IDEALE

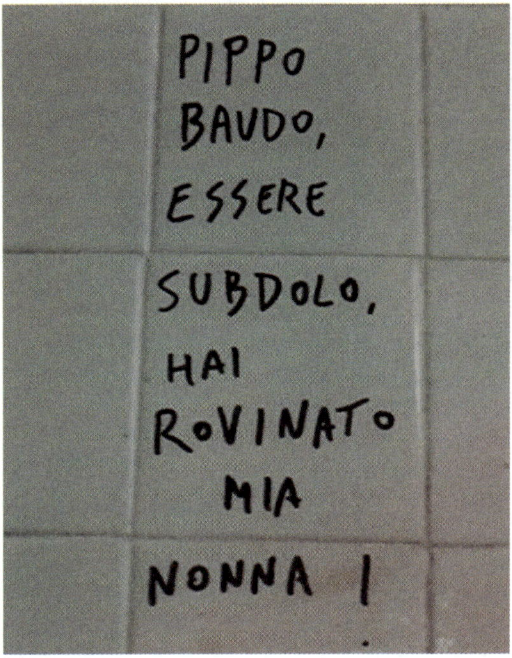
PIPPO
BAUDO,
ESSERE
SUBDOLO,
HAI
ROVINATO
MIA
NONNA !

PRIMA ERO SCHIZOFRENICO
ORA SIAMO
GUARITI!!

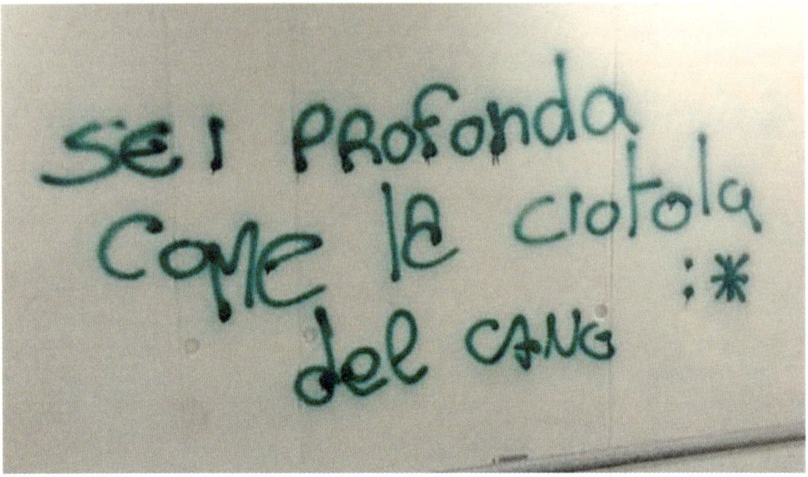
sei profonda
come la ciotola
del cane
:*

PRINCIPESSA
AL 70%
TI AMO

LOTTA DI CLASSE, TAAAC...
E SEI IN POLE POSITION.
Socialismo e Libidine

TOFU E TEPPISMO

ODIO 3 COSE
-SCRIVERE SUI MURI
-LE LISTE
-L'INCOERENZA

DLIN
DLON

BOCCHINO
MALFATTO

A 3
BOCCHINI F.
GENEROSI L.

S. Mai
L. Scopato

SUPINO
BOCCHINO

PENSA
SALVINI

GRASSO G
MAGRO M

D.FIANCO
A.CUSTODE

GUADAGNA M.-SICURO D.

DAL COLLO
MOZZATO

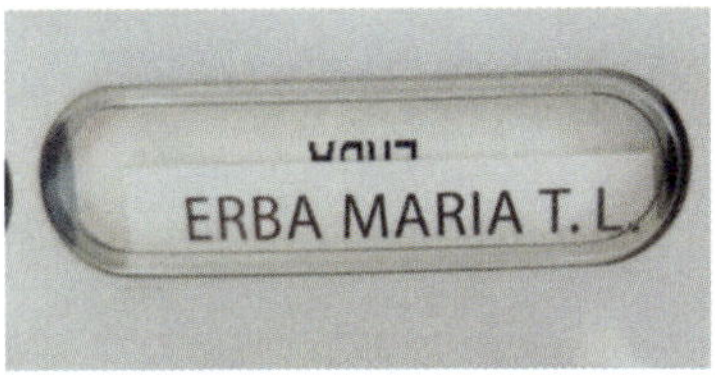
ERBA MARIA T. L.

FUMO FELICE

G. CRISTO
6

LO PORTO
ALLETTO

GRASSO GROSSO

RITROVATO
BUCO

MANCA PIETRO G.
DIOCIAIUTI M. P.

ROBIOLA
OSELLA
P.2

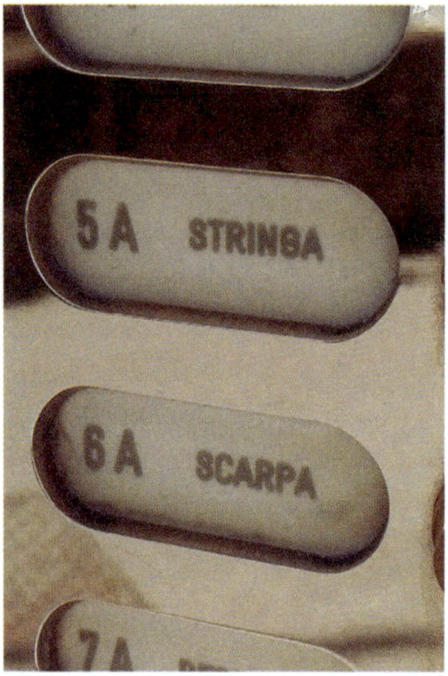
5A STRINGA
6A SCARPA

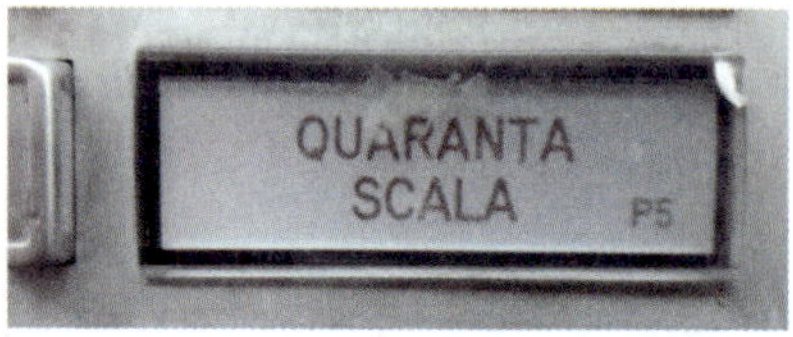
QUARANTA
SCALA
P5

MINEO SETTIMO
sonno pesante
tel.

VENTICINQUE SANDRO
SCOPANO GINA

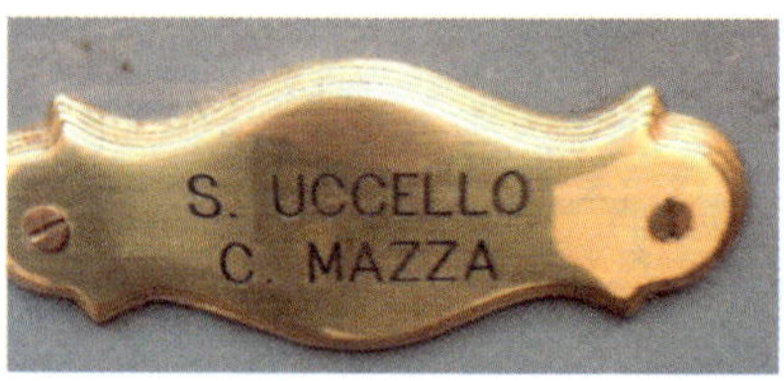
S. UCCELLO
C. MAZZA

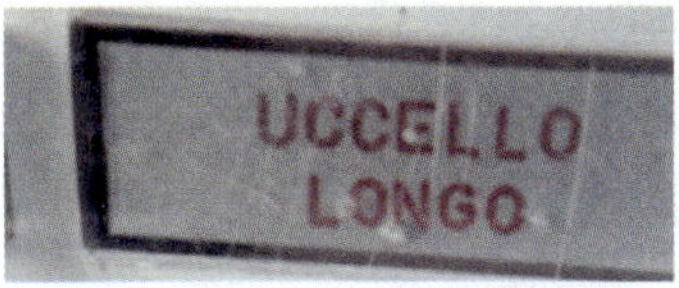

...E TE CREDO! OGGI NO DI SICURO

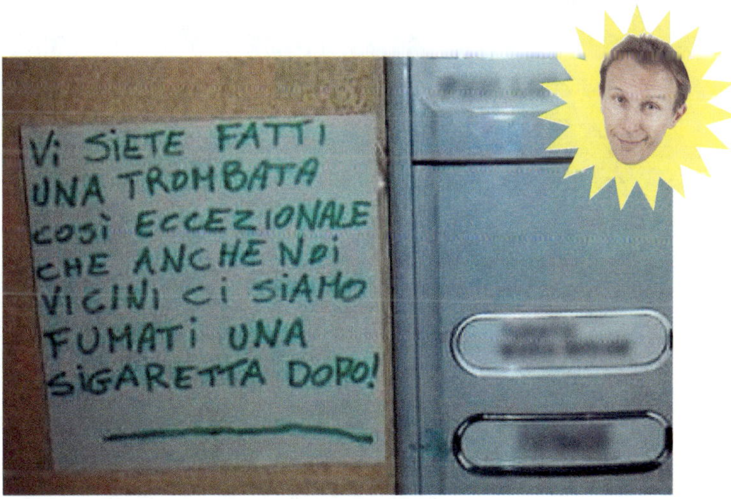


BUON VICINATO

MIGNOTTE

CORSICA

DI GESU
LUCIFERO

A
CAVALLO·DONATO
NON SI GUARDA IN BOCCA..!!

# CHINA CLOWN

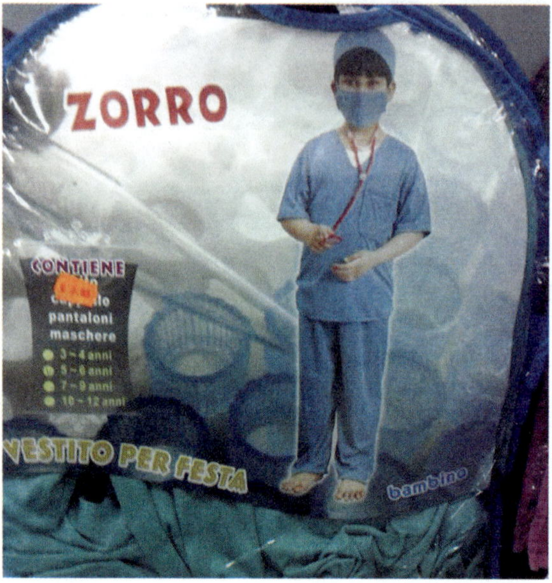
ZORRO
CONTIENE
pantaloni
maschere
3 ~ 4 anni
5 ~ 6 anni
7 ~ 9 anni
10 ~ 12 anni
VESTITO PER FESTA
bambino

POMPIERE
CONTIENE
abito
3 ~ 4 anni
5 ~ 6 anni
7 ~ 9 anni
10 ~ 12 anni
TITO PER FESTA

VABBÈ CHE A CARNEVALE OGNI SCHERZO VALE, MA QUI SI ESAGERA...

LA MULTIPRESA "CIABATTA" DIVENTA SCARPETTA:
NE APPROFITTERÀ CENERENTOLA!

PER QUANDO BEVI UNA VASCA DI RHUM

SPREMUTINA DI LENTICCHIE?

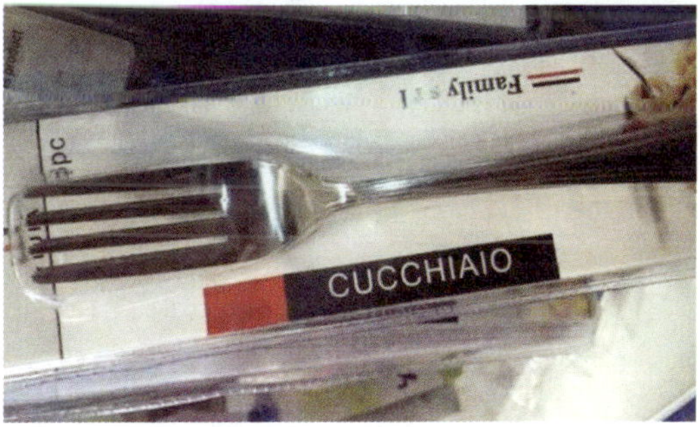


PERCHÉ IN CINA MANGIANO TANTO RISO?
PROVATE VOI A MANGIARE UNA ZUPPA CON QUESTO CUCCHIAIO

UTILE SE LA TUA BICICLETTA
HA LA CANNA

FLAUTISTA SCARSO:
LO FISCHIANO

È LA PIÙ CARA PERCHÉ È IN...
VERA PELLE

DA USARE QUANDO FAI UN REGALO
VERAMENTE... DI *MELDA*!

ANCHE IN CINA CHI SPORCA È UN MAIALE

SARANNO I GREMBIULI PER GLI SCOLARI SOMARI!

IL BOMBO È UN BIMBO UN PO' IN CARNE

PER BAMBINI PISCIALLETTO CHE FANNO MOLTA BINBIN

TAGLIE FORTI

CHI APRI PACHI, CHI ROMPE PACA E PACHE IN TERRA
AGLI UOMINI DI BUONA VOLONTÀ

MAGGIO?

PER DARE UNA BELLA RINFRESCATA AL GUARDAROBA

ESEMPIO DI INTEGRAZIONE ROMANO-CINESE

NON CAPISCE UN TAVOLO

PER LABBRA MA ANCHE LASSATIVO

QUESTA FOTO NON LA POSSIAMO TRASMETTERE IN FASCETTA PROTETTA

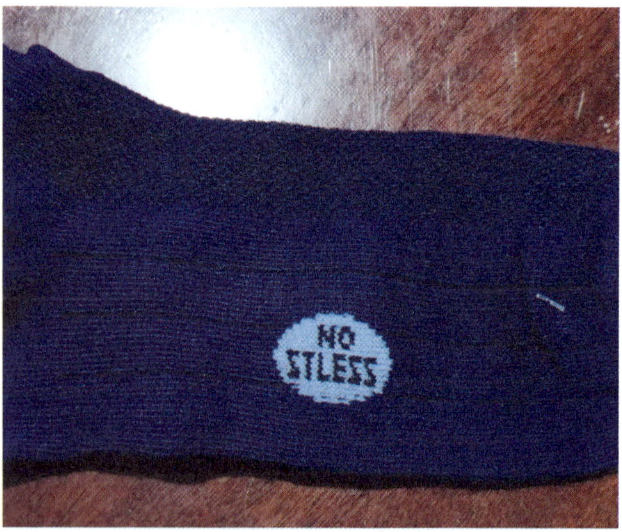


STA SENZA PENSIER

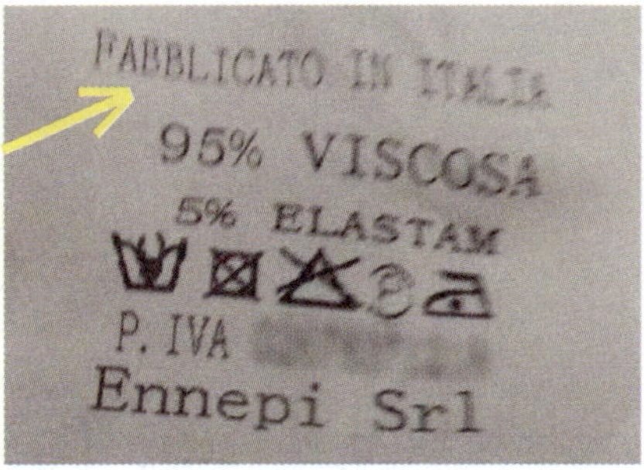


HO I MIEI DUBBI

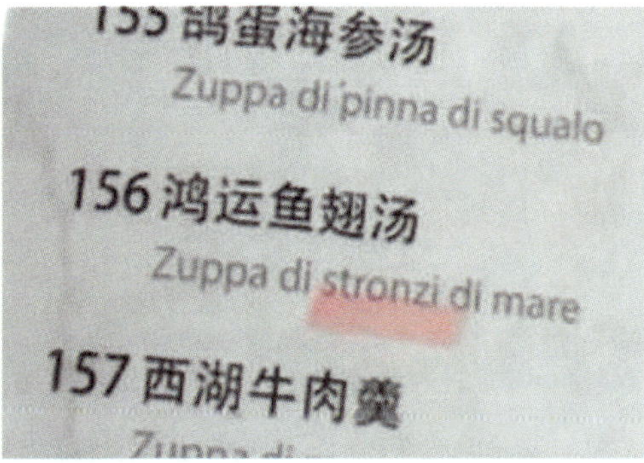


TE NE ACCORGI PERCHÉ GALLEGGIANO

FALANGHINA CINESE AUTOCTONA

FOTO CHE "ALIMENTA" LA LEGGENDA DELLA ERRE CHE DIVENTA ELLE

FU QUI CHE MANGIÒ PER L'ULTIMA VOLTA

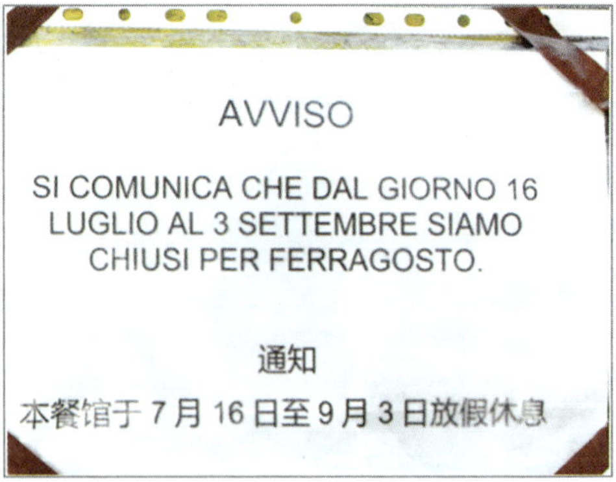


DOPO IL CAPODANNO CINESE ECCO IL FERRAGOSTO CINESE

MENU ARTISTICO

È SCRITTO PROPRIO COSÌ, NON È RUTTO DELL'IMMAGINAZIONE!

VIAGRA (ELETTRO) DOMESTICO

ALANI, INTENDEVA ALANI!

DA USARE COME MUTANDA O COME PARRUCCA PER INGUINE

IN EFFETTI È UN PO' CALA

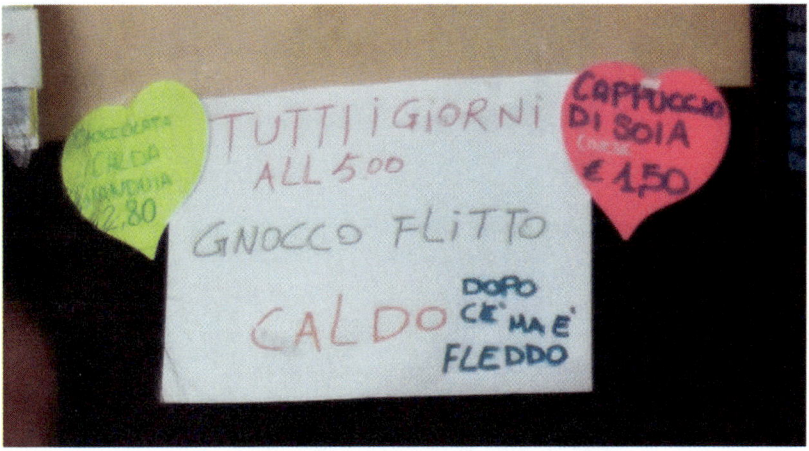


HUMOUR CINESE

LA GOCCIA CHE FA TRABOCCARE IL NASO

DOPO TANTO TEMPO FINALMENTE... HO TROVATO LA QUADRA!

DEL MAIALE NON SI BUTTA VIA NULLA
E INFATTI CI HANNO FATTO UNA BORSETTA!

È LÌ DA DUE MESI. PRATICAMENTE È LOTTA CONTINUA

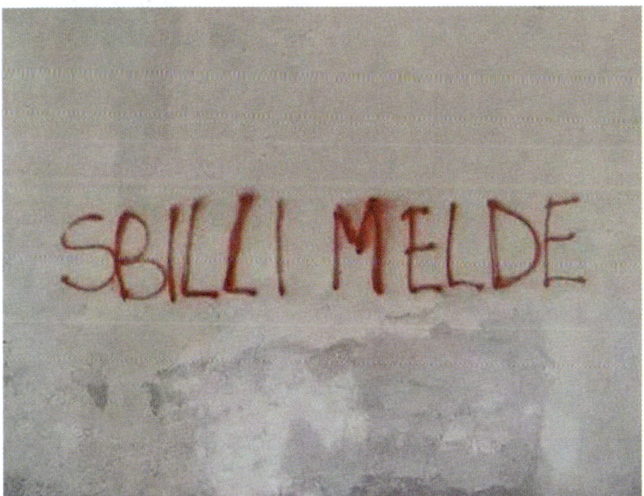


ARAN-CINA MECCANICA

IN CINA SI SCRIVE ITARIA MA SI LEGGE ITALIA

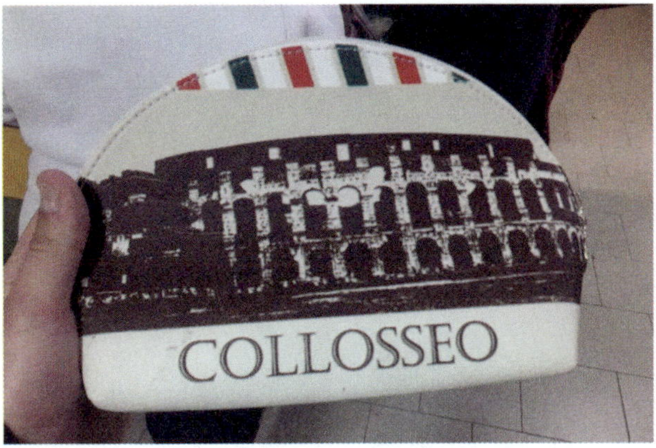
COLLOSSEO

ITALIA
ROMA COLOSSEO
ITAILA
ITAILA
ITAILA
ITAILA
ROMA

SOUVENIR BUONO PER 4 STAGIONI

VEDI NAPOLO E POI MUORO

MIRACOLO: DA CITTÀ SULL'ACQUA A CITTÀ SUL VINO

FINALMENTE È CHIARO: PENDE PERCHÉ È COSTRUITA SU UNA BUCA

# SBOTTA
# E
# RISPOSTA

PORTINAIO ZELANTE

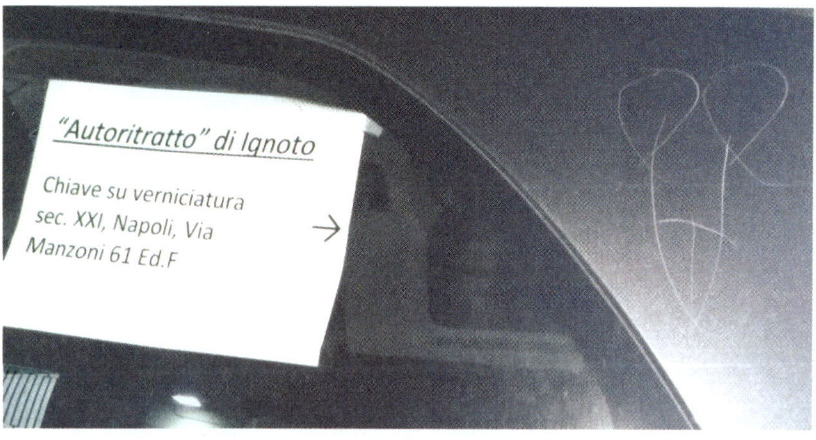


ARTISTI DI STRADA

SE MI LASCI TI CANCELLO

«BRAVE - ART»

TUTTE LE STRADE SOMIGLIANO A ROMA

QUANDO GLI AMICI TI FANNO "RIFLETTERE"

COME I CELLULARI HANNO CAMBIATO I NOSTRI USI E... COSTUMI

L'ULTIMA CENA

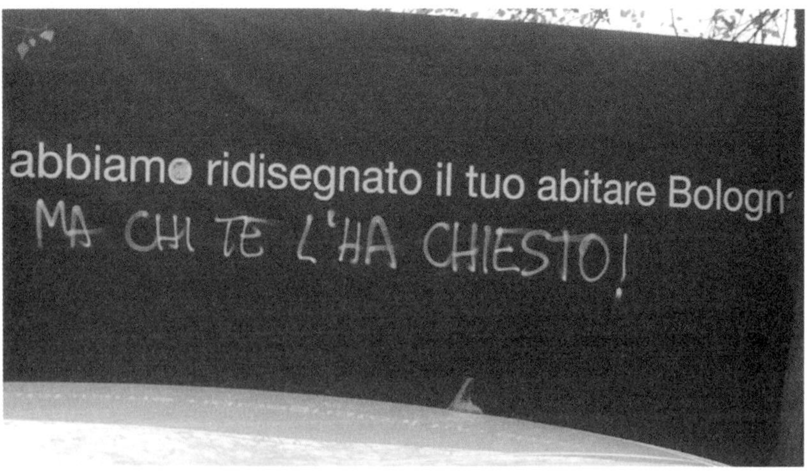


...E RISPONDERE È CORTESIA

L'ANTICONCEZIONALE PER ECCELLENZA

ARSENIO LUPIN IL LADRO GENTILE

A VOLTE RITORNANO

COME TAGLIARE I PONTI
COI CLIENTI

MOLTI ANZIANI NON SARANNO D'ACCORDO

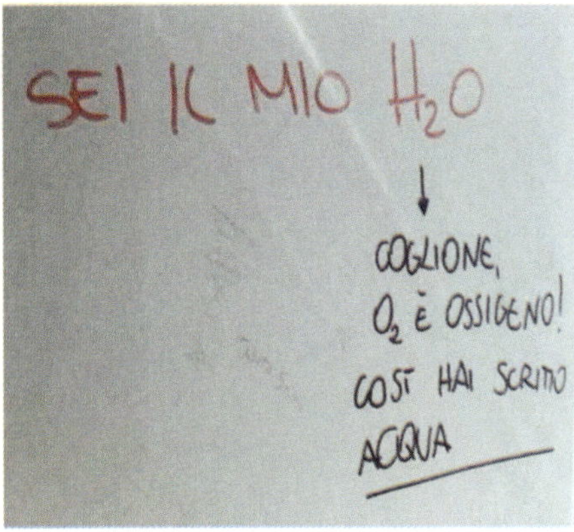


È UNA QUESTIONE DI CHIMICA

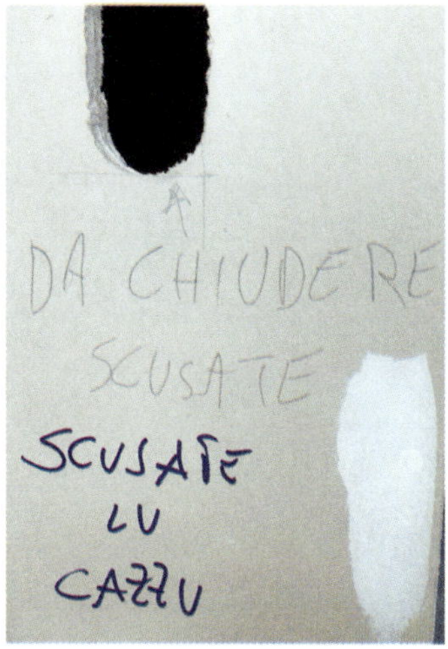


EMPATIA

ETERNO RIPOSO

TEATRO ALLA SCALA (CONDOMINIALE)

SE QUALCUNO HA QUALCOSA DA DIRE, SCRIVA ORA O TACCIA PER SEMPRE

LA MUTANDA SUL CORTILE

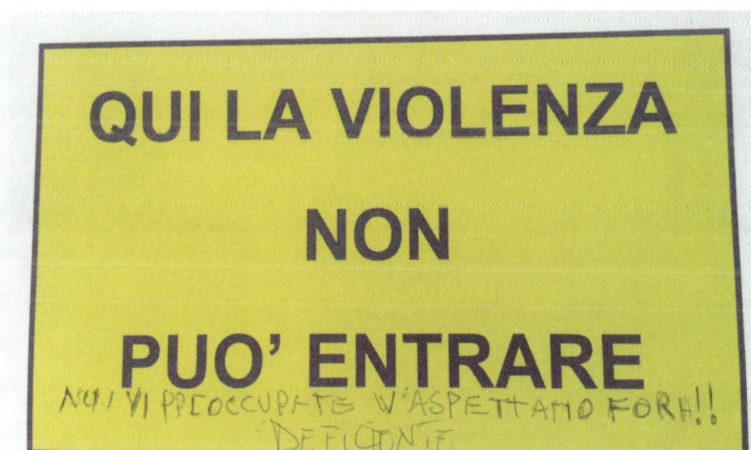


ASPETTA E SCLERA

asics
FIRENZE MARATHON
XXXIV FIRENZE MARATHON
DOMENICA 26 NOVEMBRE 2017
DIVIETO DI SOSTA E DI TRANSITO
dalle ore 07.00 alle 10.30
SI CHIEDE di:
NON parcheggiare dalle ore 01.00 del 26 novembre fino al termine della manifestazione NON intralciare lo svolgimento della gara
Sarà invertito il senso di marcia di Via dei Renai (nel tratto da Piazza De'Mozzi a Piazza Demidoff) con uscita da san Niccolò - Monte alle Croci
SI CHIEDE di NON intralciare lo svolgimento della gara
Ci scusiamo per il disagio arrecato.
AVETE ROTTO IL CAZZO
CON QUESTE MARATONE DI
MERDA, NON SI PUÒ PARCHEGGIARE-
NON SI PUÒ CIRCOLARE-
PER COLPA DI QUESTI STRONZI
SECCHI CHE DEVONO FARE LA
CORSINA, MA PERCHÈ NON ANDATE
FARLA IN CAMPAGNA ??????

# COGNOMEN
# OMEN

19
BARBIERE
Franco
Coltello

PARRUCCHIERI
CALVO

FRANCO LACCA
PARRUCCHIERE

MPRESA DI GIARDINAGGIO
DI FIORE MATTEO
REALIZZAZIONE DI PRATI ERBOSI
IMPIANTI DI IRRIGAZION
320
393.902

FOTO MOSSO

OROLOGERIA
M. Rotella
RIPARAZIONI

TABACCHERIA
SPINELLI

VIGILANZA PRIVATA
Fi.Fa
SECURITY

PIGRUCCI
MATERASSI
RETI
33
35

Associazione Sportiva Dilettantistica
LUCY DANCE
Maestra LUCIA ZOPPICANTE

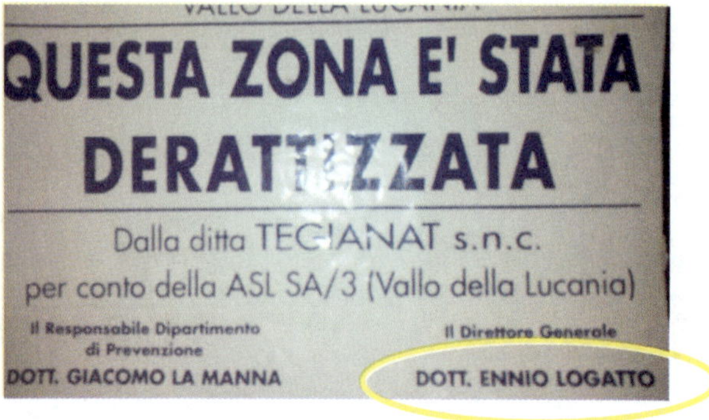

ORA HO CAPITO PERCHÉ IL LUPO
PERDE IL PELO...

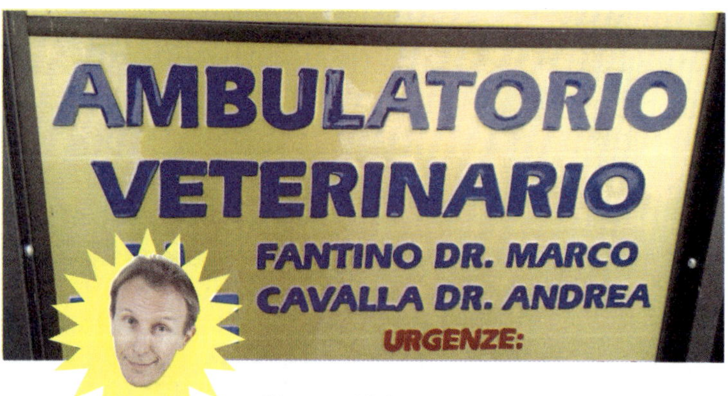


FERRATI IN MATERIA

FORSE L'UNICO AVVOCATO
CHE FIN DAL PRIMO GIORNO
SI È RIVOLTO
A UN ALTRO AVVOCATO!

LA TARGA GLIEL'AVRÀ REGALATA
UN EX CLIENTE

UN COLPO DI CIPRIA,
UN PO' DI ROSSETTO E LE TASSE
VI PIACERANNO DI PIÙ

CONOSCEVO L'AVVOCATO
DIFENSORE MA GLI AVVOCATI
PORTIERE E CENTROCAMPISTA
MI GIUNGONO NUOVI

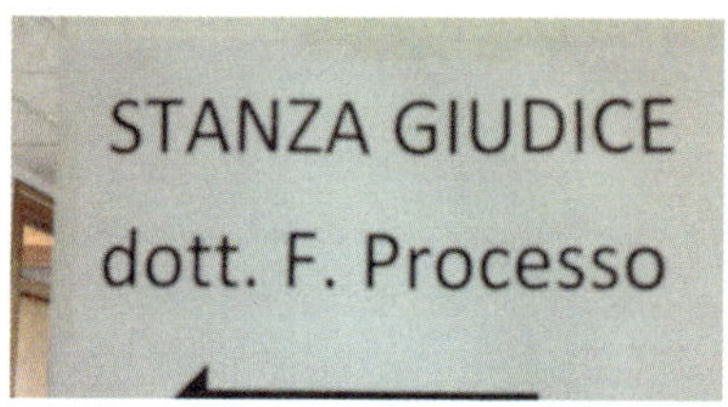

PER CONOSCERE BENE LA
MATERIA CI DEVI ESSERE DENTRO

E DOPO L'AVVOCATO
DEL DIAVOLO...

NUMERO CIVICO 3,14

SARÀ UNA DIVORZISTA...

CERCHI ROGNA?
È AL SECONDO PIANO

SE HA QUEL COGNOME DI CERTO
NON HA ALCUNA COLPA!

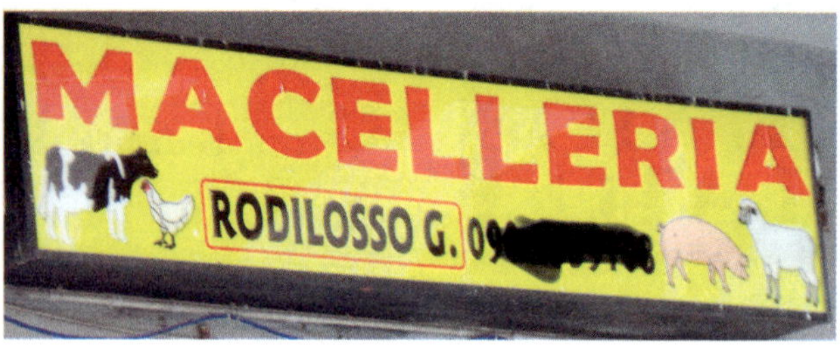

sempre diversi e di recente costru

'I cuochi pasticcioni' sulla spiaggia Cupra
Il pesce azzurro cucinato dallo chef Digiuni

**DOMENICA** azzurra al Porticciolo di Cupra dove sbarcano i membri del circolo culinario 'I cuochi pasticcioni'. Tempo permettendo, sarà splendida giornata al mare.

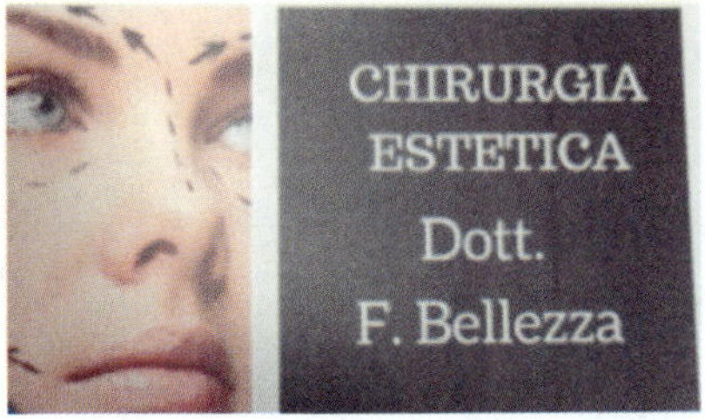

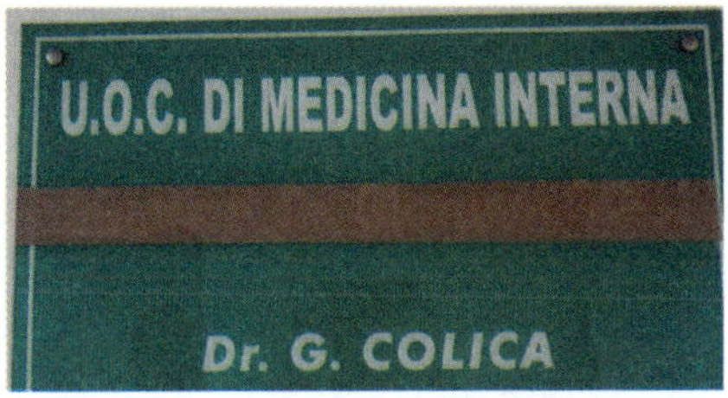


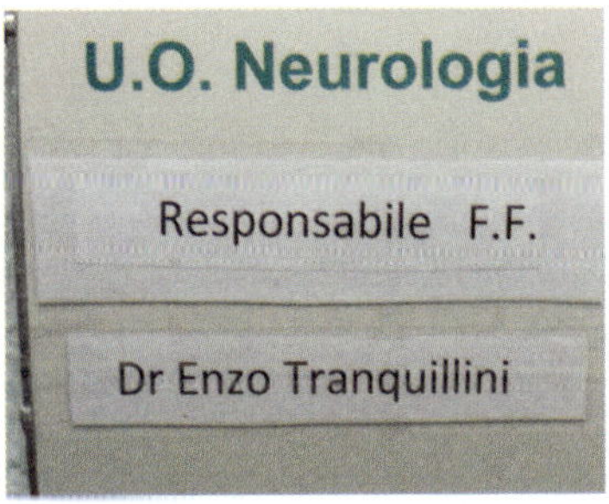

UNO CHE MASTICA LA MATERIA

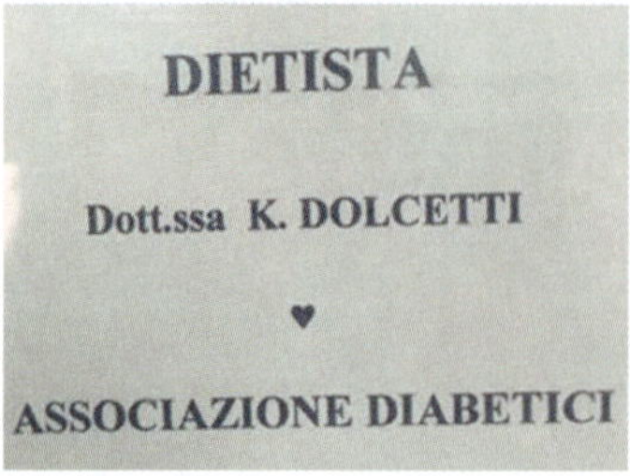

SE DOVETE RIDERE VI CONSIGLIO UNA RISATA AMARA, NON VORREI SCHIZZASSE IN ALTO LA GLICEMIA!

ORA VA ALLA GRANDE MA AVEVA APERTO IN SORDINA

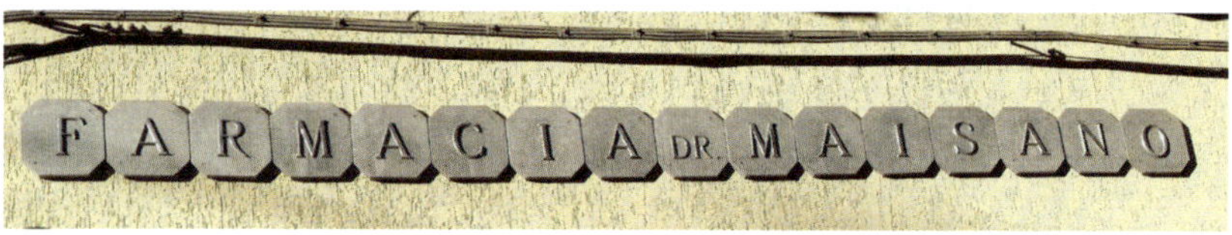

**SANITÀ** Ha 39 anni ed è anche professore universitario. Arriva da Roma

# Primario ginecologia, è Stefano Uccella

IL SUO PRIMO COMPITO SARÀ EVITARE LA... NASCITA DI EQUIVOCI

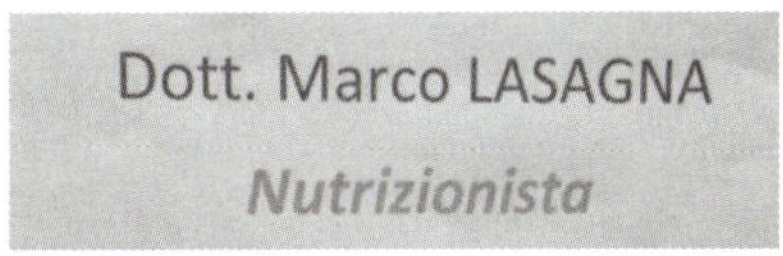


UNA PASTA D'UOMO

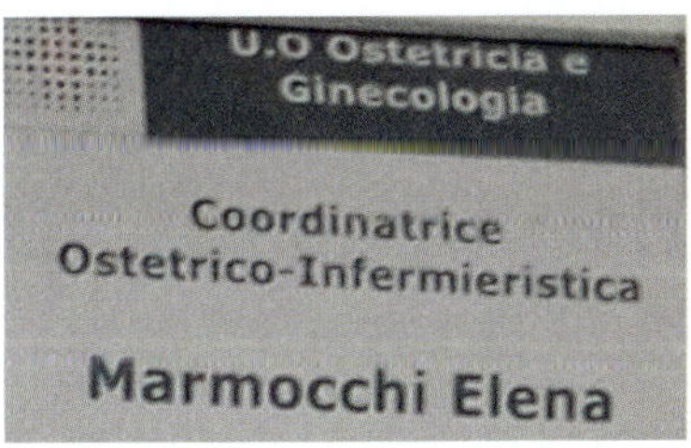

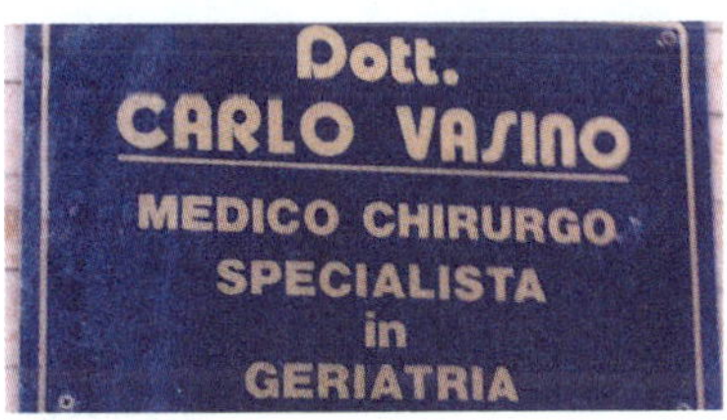


OH, PRENDETE APPUNTAMENTO:
È SEMPRE PIENO!

CON LUI ANCHE I PAZIENTI
PIÙ AGITATI...
SI DISTENDONO

CHISSÀ SE PORTA IL LAVORO A CASA...

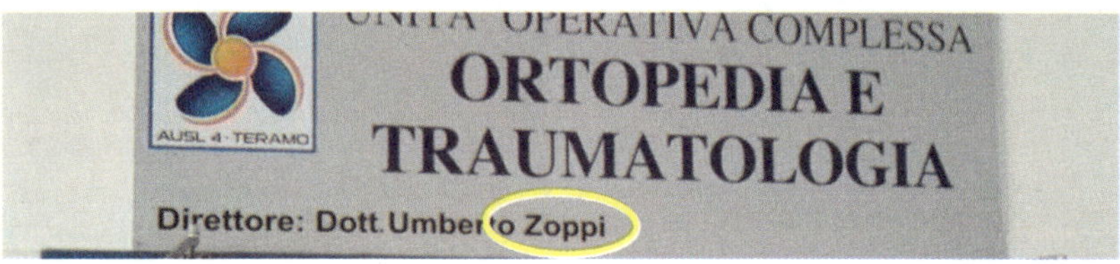


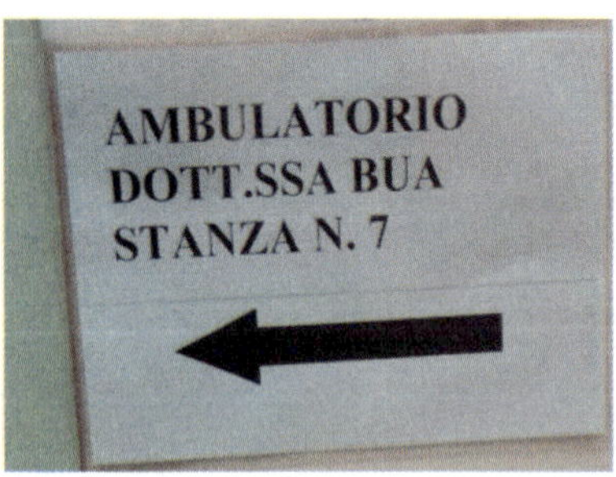


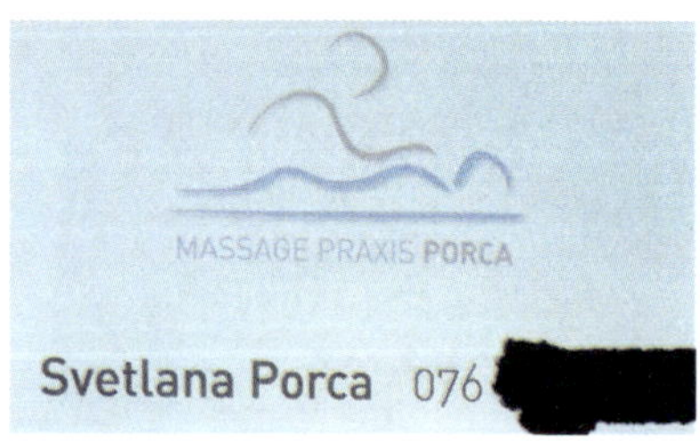


FORSE È ANCHE PRONA-TERAPEUTA

UN MEDICO SULLA BOCCA DI TUTTI

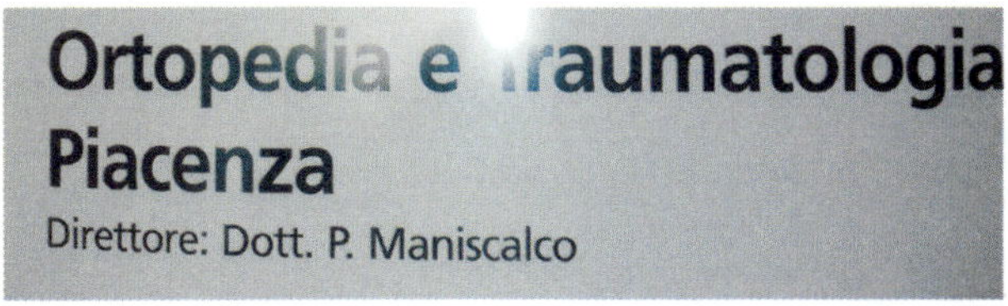

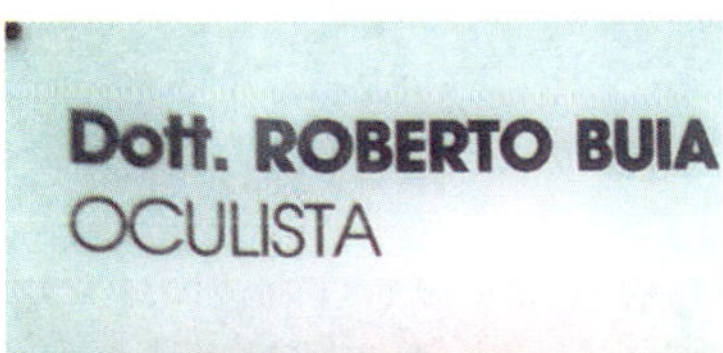


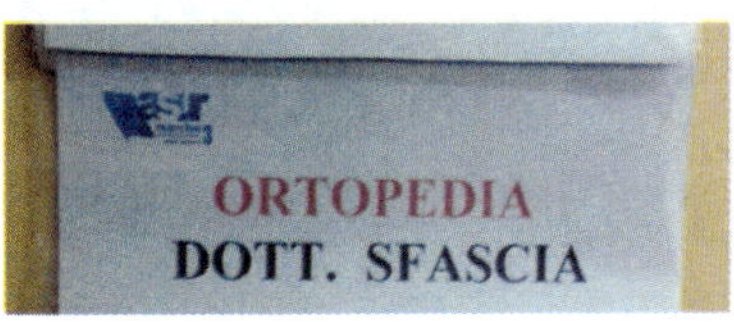


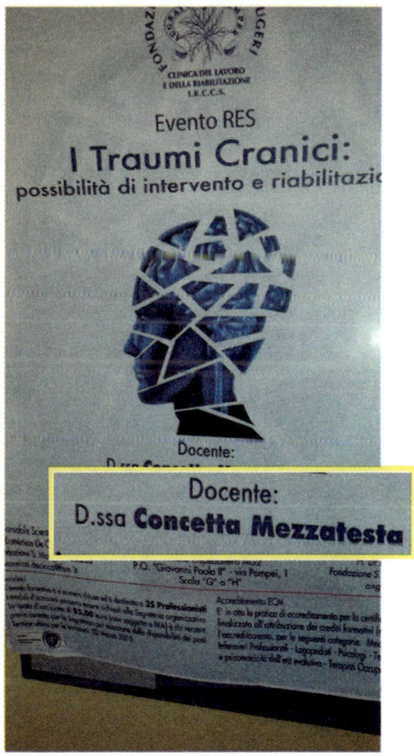

STUDIO
DENTISTICO
Dr. Bava Antonio
medico chirurgo - odontoiatra

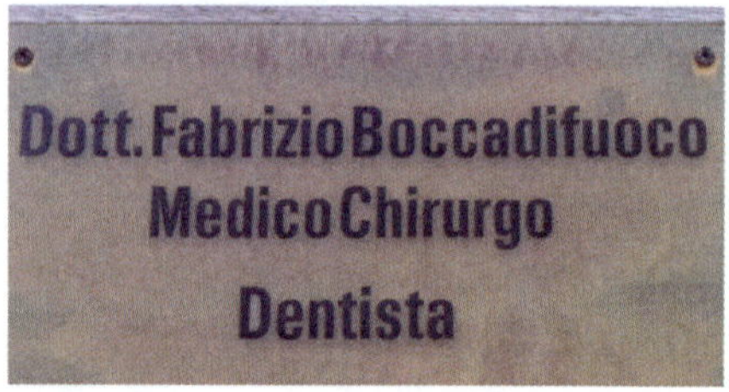
Dott. Fabrizio Boccadifuoco
Medico Chirurgo
Dentista

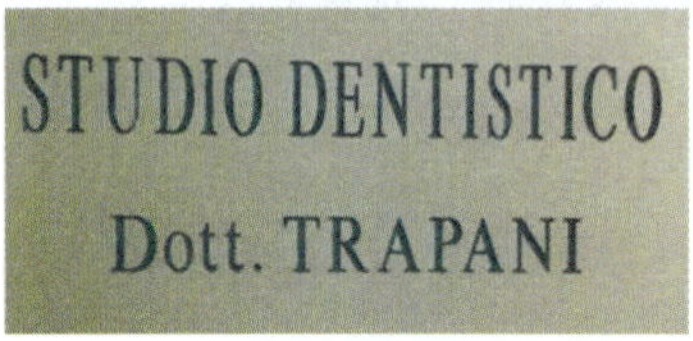
STUDIO DENTISTICO
Dott. TRAPANI

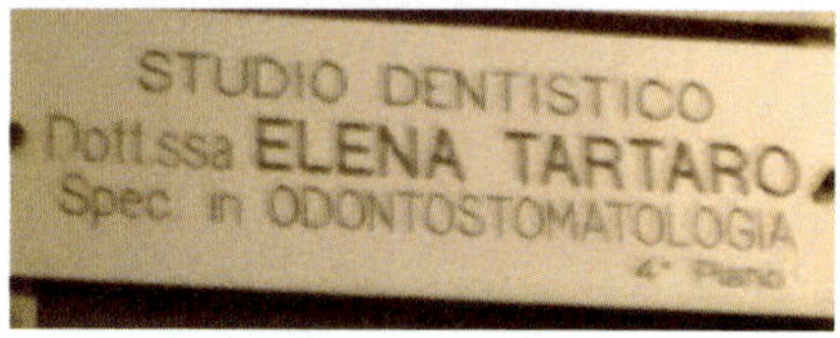
STUDIO DENTISTICO
Dott.ssa ELENA TARTARO
Spec. in ODONTOSTOMATOLOGIA
4° Piano

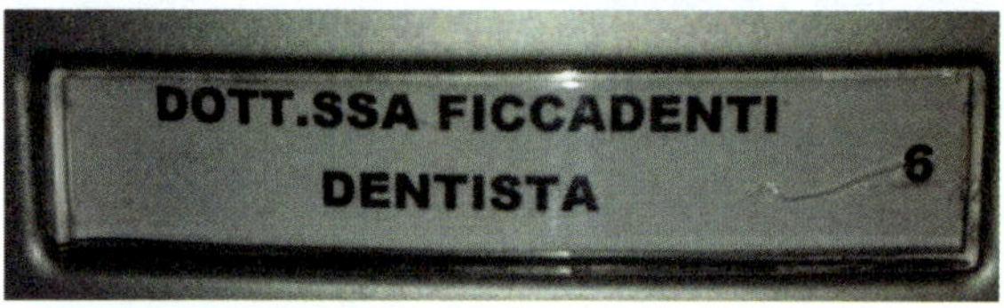
DOTT.SSA FICCADENTI
DENTISTA
6

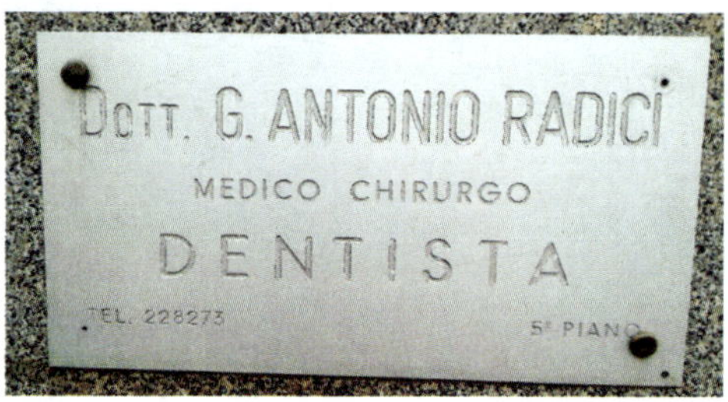
Dott. G. ANTONIO RADICI
MEDICO CHIRURGO
DENTISTA
TEL. 228273
5° PIAN

Dott. RIDI MARCELLO
Medico Chirurgo
Specialista in
Odontoiatria e Protesi Dentale

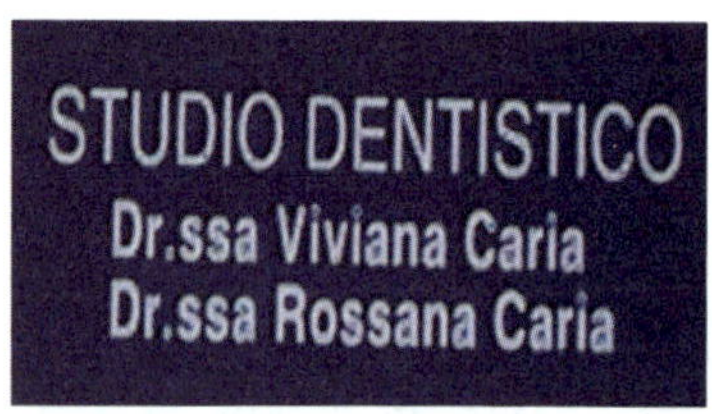
STUDIO DENTISTICO
Dr.ssa Viviana Caria
Dr.ssa Rossana Caria

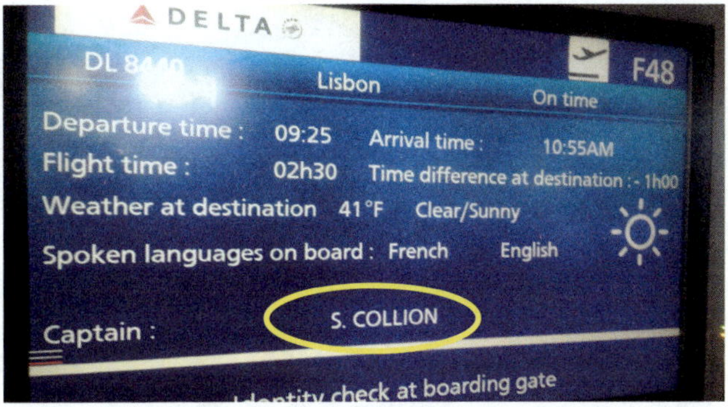


MA FACCIAMO CHE PRENDO IL TRENO...

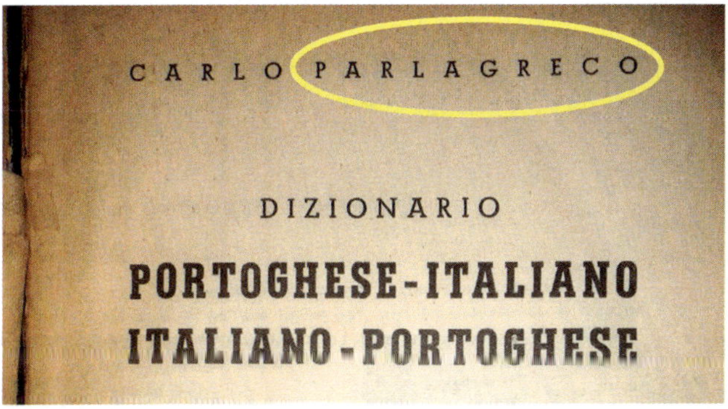


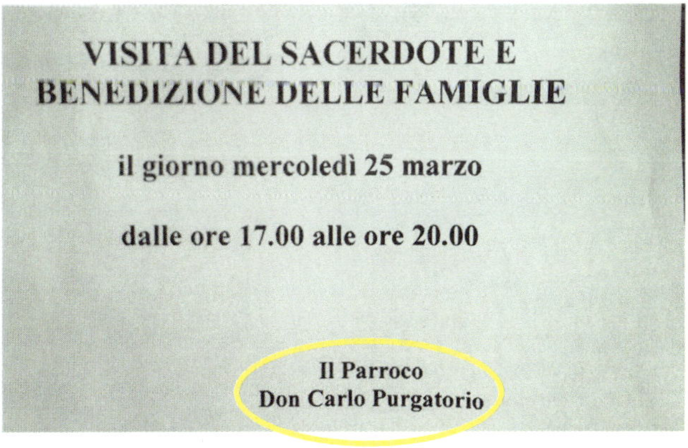

TAMPONI
ASSICURAZIONI
MILANO

AUTOSCUOLE PANICO

CADI
ANTINFORTUNISTICA

BOZZO
CARROZZERIA
VERNICIATURA A FORNO

Ferramenta
Dal 1995
CHIODINO
Tel: 0789/40397 Fax: 0789/480380

FERRAMENTA
dal 1948
MARTELLACCI

C
FORNITURE
ELETTRICHE
CANDELA

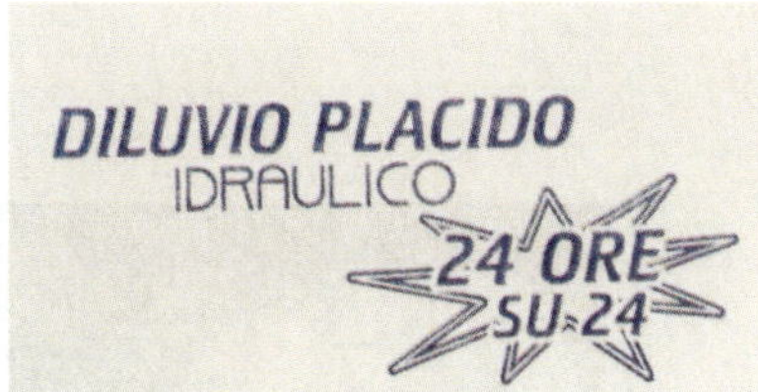

ELETTRICISTA DA QUANDO VENNE ALLA LUCE!

FINALMENTE HO CAPITO CHI HA SCOPERTO L'ACQUA CALDA

Roberto
Paura
STORIA DEL
TERRORE
Robespierre e la fine della Rivoluzione francese
Odoya

# SORRISI
# E
# SVARIONI

CAVA, 52ENNE COLTO DA INFARTO MENTRE MUORE

CORREGGIO Sei le persone coinvolte nell'incidente di ieri pomeriggio in via per Campagnola

**Ambulanza si ribalta, ferito il ferito**

*L'uomo era a bordo del mezzo di soccorso che si è rovesciato su un lato*

IL QUALE, ALL'ARRIVO DEI NUOVI SOCCORSI HA DETTO: "GRAZIE RAGAZZI MA L'ULTIMO TRATTO LO FACCIO A PIEDI"!

VALVASONE

**Operaio cade da 6 mesi e si frattura una scapola**

O DA DOVE È CASCATO? DALLA STRATOSFERA?

Turku, accoltella diverse persone. La polizia gli sparla e lo blocca

FINTI LADRI? PRATICAMENTE PERSONE PERBENE

SEZIONI EDIZIONI

A Castell'Alfero il 35 aprile c'è "ViviVerde", il piacere di vivere la campagna

AD APRILE COMINCIANO AD ALLUNGARSI LE GIORNATE...
MA ANCHE I MESI!

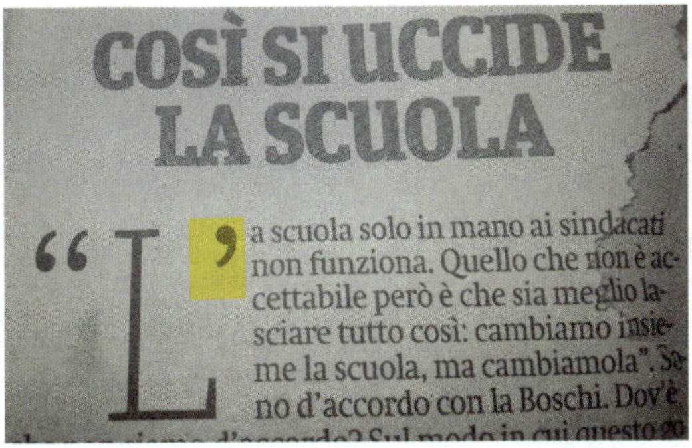

COSÌ SI UCCIDE
LA SCUOLA

“L’a scuola solo in mano ai sindacati non funziona. Quello che non è accettabile però è che sia meglio lasciare tutto così: cambiamo insieme la scuola, ma cambiamola”. Sono d’accordo con la Boschi. Dov’è

SE ATTACCHI IL PEZZO CON «L’A SCUOLA» LA UCCIDI ECCOME

Spari in pieno centro a Piacenza: Rapina in gioielleria, figa e banditi feriti dai Carabinieri

**La vista è un bene prezioso, proteggilo. I Camper dell’Unione Chiechi ed Ipovedenti girano la provincia di Isernia.**

IO LO PROTEGGO, MA L’ARTICOLISTA?

1,20 €
CRISI
FINANZIAMENTI
PER CHI TORNA
AGLI ANTICHI
MESTIERI
I CONSIGLI DELLA
SESSUOLOGA

DROGA
TRA I GIOVANI
DA OTTOBRE
ABBONAMENTO
MENSILE
A 25 EURO
www.ottopagine.it

VALDUGA
PRIMO GIORNO
DA SINDACO:
ECCO GLI IMPEGNI
RAPINA IN NEGOZIO
CON IL COLTELLO
OGGI IN EDICOLA

MINACCIATI
CON LA SIRINGA
E RAPINATI
DEI GIOIELLI
PER 6MILA EURO
GIÀ PARTITI I SALDI

**BAGHERIA.** L'infortunio mentre gioca a calcetto: l'esponente della giunta grillina dovrà restare fuori per 70 giorni

## Ha una distorsione, l'assessore Caviglia si dimette

BAGHERIA sione che l'assessore si è procurato, date le deleghe al Verde Pubblico, l'assessore Fabio Atanasio che sino

La vaccinazione torna obbligatoria

Milano, l'assalitore indagato per terrorismo

LA PROMOZIONE DELL'HELLAS

Scoppia la febbre gialloblù

AGGRESSIONE

Identificato il martellatore dell'autobus È un minorenne

ACQUA AL VELENO

GIUSTIZIA

In netto calo nel Sassarese i processi per furto

SCANO A PAGINA 12

SASSARI

Derubate dopo la partita le pallavoliste di Castelsardo

EROINA E COCA
NELLA BORSETTA
DELLA 21ENNE
VENEZIANA
IN OMAGGIO LA GUIDA
SALUTE E BENESSERE
IL GAZZETTINO

TUTTA LA VERITA'
SULL'ASSASSINO DEL BROLETTO
E' FRANCESCO
IL NUOVO PAPA

GLI STUDENTI
IMPARANO
COME
SI SALVA
UNA VITA
E' MORTO IL MAESTRO

SI ROMPONO
LE ACQUE
PARTORISCE
IN AUTO
OSIMO STAZIONE
SOS ALLAGAMENTI
SUPPLEMENTO AL NUMERO ODIERNO

ARRIVA
MATTARELLA
Scende dal treno
con la droga: preso
Oggi TROVALAVORO
con 500 offerte
La Provincia di Sondrio

ORGE E SACRIFICI
SATANA
E SESSO
NEI CIMITERI
FERRAGOSTO, ECCO
DOVE DIVERTIRSI

IL GIORNO
Sondrio
INFORTUNI
SUL LAVORO
UN CALO
MARCATO
La Provincia
INFORTUNI
SUL LAVORO
IN AUMENTO
Brentathlon:
super partenza
Calcio, il Sondrio
spreca: solo pari
La Provincia di Sondrio

FINISCONO
IN OSPEDALE
PER LA TORTA
ALLA
MARIJUANA
CONCLAVE: FUMATA NERA

SI MASTURBA
SUL BALCONE
DI CASA
STRONCATO DA UN INFARTO
IN VIA CAVOUR

Il Messaggero
A 0,80 €
CINQUE
INTOSSICATI
IN ASCENSORE
PANTANA IN LACRIME
«TACCONI HA PERSO LE STAFFE»
ANABOLIZZANTI
CON IL RICETTARIO RUBATO
Il Messaggero
il Resto del Carlino
SEI INTOSSICATI
NELL'ASCENSORE
DEL PARK GARIBALDI
FRUTTA CONTAMINATA
«CASI IN AUMENTO»
SQUILLO UCCISA: ERA INCINTA?
Corriere
Adriatico
SETTE PERSONE
INTOSSICATE
NELL'ASCENSORE
MISTERO
LUNGO LE MURA
LA LUBE SCONFITTA
TUTTO DA RIFARE

ANZIANA
TRAVOLTA
E UCCISA
DA UN'AIUTO PIRATA

ARCONATE
Perde 4 dita
con una sega
RCONATE Stava effettuando dei piccoli
vori di falegnameria nella sua abita-

«FIUMI»
DI COCAINA
SPUNTA
UNA NUOVA
PISTA

FESTA
IN PIAZZA
CON CASADEI
E' ANDATO
TUTTO LISCIO

COTRAL, PENDOLARI AL FIANCO DEI SINDACATI
TENTA SUICIDIO
SUI BINARI
MA IL TRENO
NON PASSA

SCUOLA NEGATA
A DUE SORELLE
SORDE
INASCOLTATO
OGNI APPELLO

RIVAROSSA Il consigliere Paolo Cinquanta presenterà un'i

## "Gli alberi del cimitero sono tutti morti!"

MUSICA. Sono sedici i brani inseriti nell'ultimo lavoro del cantante-tenore. Si va da «Maria» a «Moon River», da «Cheek to cheek» a «Non piangere per me Argentina»

## Bocelli rilegge i grandi classici del «Cinema»

«Desideravo realizzare questo progetto discografico da molto tempo. Ho rivisitato dei capolavori con sincerità d'animo»

... MA IL TITOLISTA NON RILEGGE CIÒ CHE SCRIVE

L'autoarticolato viaggiava vuoto: alla base dell'incidente forse il surriscaldamento dei freni e lo scoppio di una gomma

## Prende fuoco il camion dell'acqua

*Il mezzo, diretto alla San Benedetto di Viggianello, in fiamme alle porte di Castelluccio*

IL PUNK NON È MORTO, È SOLO IN PROGNOSI RISERVATA

EFFETTO CRISTIANO RONALDO

Chung è il nuovo Chang, parola di Ching

Il sudcoreano elimina Djokovic usando le sue stesse armi. Fognini ko con Berdych: «Mi rifarò in Davis»

della Caritas
Servizio a pag. 47

per il colore del cielo»

Servizio a pag. 34

Industriale spaccia cocaina per evitare il crac

▶ Da Santo Domingo con mezzo chilo di droga in corpo

Michele Milletti

Il processo
Sanitopoli, rinviata la resa dei conti

Foligno
Gioca nell'orto e scopre una voragine

Una boccata di ossigeno

# Il profumo di Passera risveglia Montepaschi

*Il cda esamina la proposta dell'ex numero uno di Intesa e il titolo s'infiamm*

MERCOLEDÌ 8 MARZO 2017

Senza biglietto picchia il capotreno
Due volte, sia all'andata sia al ritorno

**Cadorago.** Lunedì sera un uomo ha cercato di salire a Caslino assalendo il controllore
In mattinata alla stazione di Como l'aggressore era stato denunciato per lo stesso motivo

Prezzi più bassi in Abruzzo, scatta la grande fuga degli automobilisti verso la regione vicina

# Caccia alla pompa low cost

Benzina, aumenti record nelle Marche. Sciopero di protesta dei consumator

La cassa integrazione

sei in » **Home**

L'EVENTO

## Festa dell'acqua rinviata causa pioggia

17/03/2018 - 11:32

# Lui si chiama Secondo ma la sua fava arriva prima

**L'ANNO** scorso fece il record per per la pianta di fava più alta, quest'anno per la "tega" (in italiano "baccello") più precoce. Col giusto orgoglio di ortolano, il signor Secondo Lanci mostra, sullo sfondo del "Carlino", il baccello, completo di semi anche se non ancora commestibili, maturato con l'anticipo di circa un mese. Nel terreno coltivato dal signor Lanci - **nella foto** -, tra il quartiere Cinque Torri e l'Interquartieri, ad essere favo-

**Corinaldo: è di Dario Rossini l'uccello più bello del mondo**

La riproduzione asessuata del pesce sega

Per la prima volta la riproduzione senza sesso è stata osservata in natura e con

# IMPREVISTI
# e
# PROBABILITÀ

E POI IL CONTO, GRAZIE

NON C'È CHE DIRE: "CENTRATO" IN PIENO!

COME HANNO FATTO A NON ACCORGERSI DI NULLA?!

LOCATION PERFETTA PER IL «LACRIMA CAFFÈ».
SEMPRE CHE DOPO LE TASSE TI SIANO RIMASTI GLI OCCHI PER PIANGERE!

SE SIETE SCARAMANTICI... CASCATE MALE!

IO PENSAVO FOSSE IL CONTRARIO: PARADISO VIA CIMITERO

PER MAGGIORI INFO RIVOLGERSI...
ALLA CASSA!

L'ULTIMO DESIDERIO

IL RITORNO DEI PRESEPI VIVENTI

UNA COSA È CERTA: IN VIA SAN GIUSEPPE LA SERA NON C'È MOLTA VITA!

NON CONFONDERE LE ACQUE

SLIDING DOORS

CI SCUSIAMO
PER IL DISAGIO
Crippa

COME SEMPRE, C'È QUALCUNO CHE NON RISPETTA LO STOP

LA PROSPETTIVA È TUTTO

LE NOSTRE STRADE QUI SI DIVIDONO

SEMPRE DI PIACERE DELLA CARNE SI TRATTA

FISS
In occasione della Settimana del benessere ses
organizzata dalla Federazione Italiana di Sessuolo
"Sala degli uccelli" Palazzo
Martina Franca
Sabato 8 Ottobre 2016
ore 9,30 - 13,00
ederazione Italia
"Sala degli uccelli"
Martina
SETTIMANA
DEL BENESSERE
SESSUALE
Si svolgerà il Seminario:
"L'approccio integrato nella pratica clinica:
alla ricerca del BENessere SEssuale"
Relatori:

Chiara Lecca
A fior di pelle
20 gennaio / January - 19 marzo / March 2017

QUANDO SI DICE SPOSARE IL PRIMO CHE PASSA

USCIO E BOTTEGA

SEMBRA BUONO, QUELLO CHE MI PREOCCUPA È LA PRIMA RATA: È TRA 4 MESI!

NON SI DIREBBE

DI SICURO NON CI SARANNO MAI LITIGI PER SCHIAMAZZI

D'ALTRONDE...

Via Arianuova

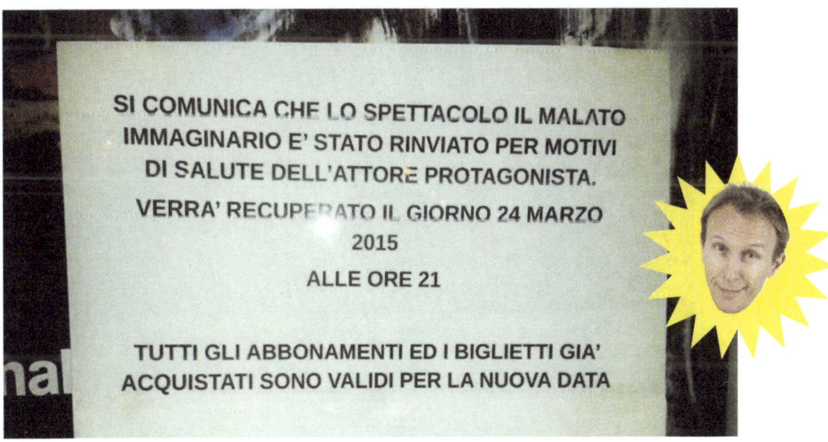
SI COMUNICA CHE LO SPETTACOLO IL MALATO
IMMAGINARIO E' STATO RINVIATO PER MOTIVI
DI SALUTE DELL'ATTORE PROTAGONISTA.
VERRA' RECUPERATO IL GIORNO 24 MARZO
2015
ALLE ORE 21
TUTTI GLI ABBONAMENTI ED I BIGLIETTI GIA'
ACQUISTATI SONO VALIDI PER LA NUOVA DATA

CASSONET N.5

CI SIAMO
angolo via dell'ombra
TRASFERITI !!!
coprisol

sanbor
NIGHT CLUB
SAB 28
MAGGIO
Amandha
Fox
VIA SAN MICHELE - CAROVIGNO (BR)
INFO 340.5275635 SANBOR NIGHT CLUB
FESTA DEL SACRO CUORE DI GESÙ
SANTUARIO
"San Francesco de Geronimo"
CENTRO STORICO
GROTTAGLIE (TA)
2016
PROGRAMMA
A TUTTI UN AUGURIO DI UNA BUONA FESTA
IL GRUPPO APOSTOLATO DELLA PREGHIERA

PIAZZA
DELLA PACE
ZONA MILITARE
DIVIETO DI ACCESSO
SORVEGLIANZA
ARMATA

# FUGA
# di
# CARTELLI

NEMMENO VOGLIO SAPERE
DOV'È STA ROBA

TRANQUILLI,
NON SIAMO A VICENZA,
SIAMO IN ROMANIA

NON CONFONDIAMO!

FRANCIA. IL SALATINO
PIÙ CARO AI GENOVESI

NEW YORK. APRE SOLO A SAN GIUSEPPE

POLONIA. IL CLASSICO CASO DI TAVOLETTA CALDA

UCRAINA

CROAZIA

FRANCIA. IL PREFERITO DAL GENERALE CAMBRONNE

PORTUGAL.
IDEALE PER RIFARSI LA BOCCA

SVIZZERA. CHISSÀ CHE ERBE CONTIENE LA TISANA...

DANIMARCA. LA BIRRA CHE NON REGGE NESSUNO

WASHINGTON. MA PERCHÉ QUESTO NOME CATASTROFICO?
BOH, SORVOLIAMO, NON È IL CASO DI ANDARE A FONDO!

FRANCOFORTE. MASSAGGIO PROMOZIONALE

SALISBURGO. IN QUESTO BAR AVREI DIFFICOLTÀ NELL'ORDINARE UN MACCHIATO

DANIMARCA. FARE UN PIERCING È DOLOROSO, MA NON È IL CASO DI DIRE LE PAROLACCE

MESSICO. SPECIALITÀ CALZONE RIPIENO

MADRID. LE LUCI NON INGANNINO, SEMBRA APERTA MA IN REALTÀ
È UNA LIBRERIA CHIUSA!

ROTTERDAM. IL RISTORANTE È CINESE MA FA SPECIALITÀ SICILIANE!

HONK KONG

BOLIVIA. SPECIALITÀ SCIROPPI ALLA SPINA

SARAGOZZA. TIPICO ESEMPIO DI... BARAFARMACIA

BARCELONA. PRODUCE L'UNICO PANE
CHE POTREBBE SBRICIOLARE SOLO MIA SUOCERA

SINGAPORE

POLONIA

NEW YORK

LONDRA

THAILANDIA

SLOVENIA

SLOVACCHIA

SPALATO, CROAZIA

ZARAVECCHIA, CROAZIA

BELGIO

BUS TURISTICO GIAPPONESE, GESTIONE NAPOLETANA...

SVIZZERA

THAILANDIA. IL TRASPORTO NON È L'UNICA COSA CHE PAGHI

POLONIA

ALLA FIERA DI FRANCOFORTE, I CESSI... GUARDA CASO...
SONO INDICATI COL TRICOLORE ITALIANO

SLOVACCHIA

CILE. QUESTO POSTO È UN BORDELLO

UK. QUANDO SI DICE
UNA SCUOLA COI BAFFI

BRASILE.
INCREDIBILE MA VERO

GERMANIA. RICORDANDO TRAPATTONI...

GERMANIA. AMMAZZA CHE COGNOME!

GERMANIA

ESTONIA. TRANQUILLI, SIGNIFICA "PROTEGGI IL MARE". IO PERÒ, NEL DUBBIO, NON FAREI L'ONDA...

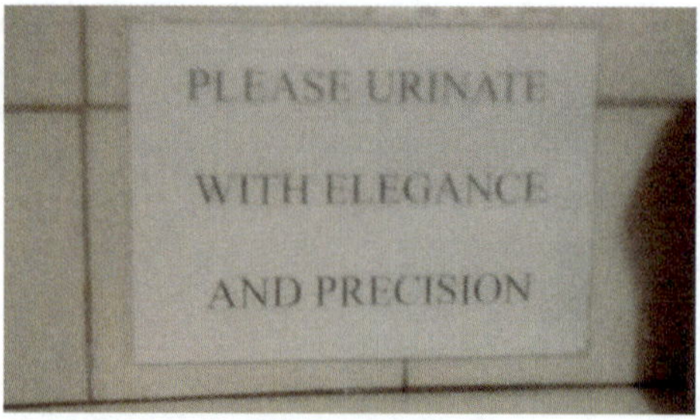


MARSIGLIA

PARIGI. CONDOM-INIO IN RUE DE LA POMPE

# EVENTI
# in
# POPPA

CHISSÀ COSA È SUCCESSO A MEZZANOTTE!

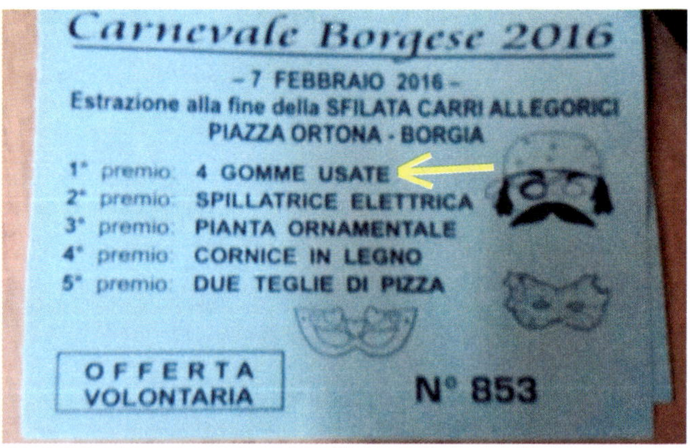


LA LOTTERIA COL PRIMO PREMIO USATO MI MANCAVA...

È IL NOME DEL GRUPPO O DELLA CONSUMAZIONE?

NON C'È CHE DIRE, DOPO AVER VINTO SANREMO... È DECOLLATO...

DATE IN LIBERTÀ

HANNO SBAGLIATO
DI APPENA 38 GIORNI

IL 25 APRILE È LA FESTA
DELLA LIBERAZIONE:
IL TITOLARE INVECE SI È
LIBERATO DEI LIBRI DI STORIA

"SABATO, SABATO,
È SEMPRE SABATO..." (JOVANOTTI)

E NON SI CORRE IL RISCHIO DI
RIMANERE IMBOTTIGLIATI NEL
NARCO-TRAFFICO

SARÀ UNA DURA LOTTA

ODDIO QUESTO FA PAURA UN PO' ANCHE A ME

I GRANDI
CLASSICI

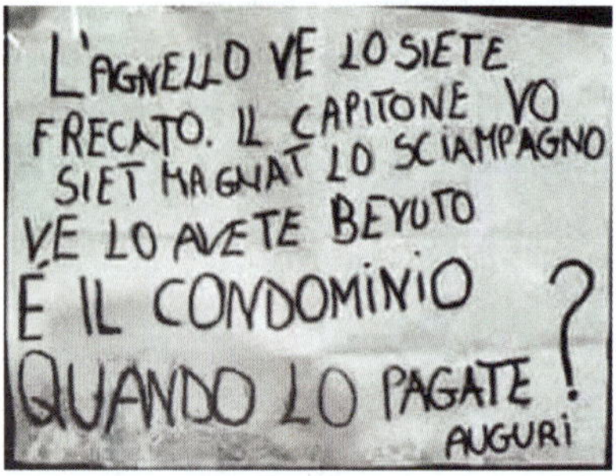
L'AGNELLO VE LO SIETE
FRECATO. IL CAPITONE VO
SIET MAGNAT LO SCIAMPAGNO
VE LO AVETE BEVUTO
É IL CONDOMINIO
QUANDO LO PAGATE ?
AUGURI

CERCASI
CLIENTI
ANCHE SENZA
ESPERIENZA

DREAM
È
L'ANAGRAMMA
DI
MERDA

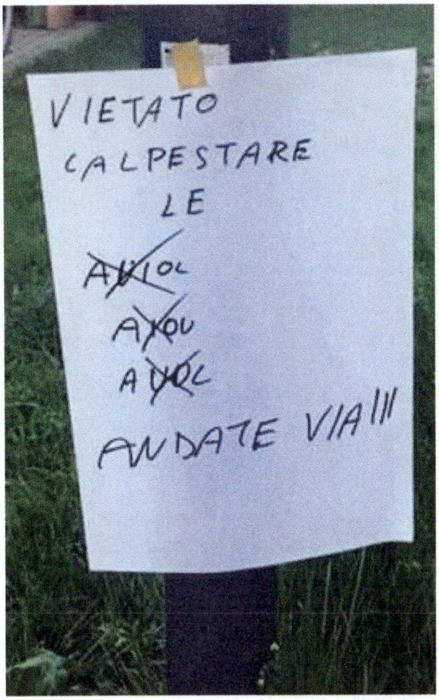
VIETATO
CALPESTARE
LE
ANDATE VIA!!!

SI
IMPARTISCONO
LEZIONI
DI
ITALIANO
SQUOLE ELEMENTARI – MEDIE
E
BURRACO
Cell.:

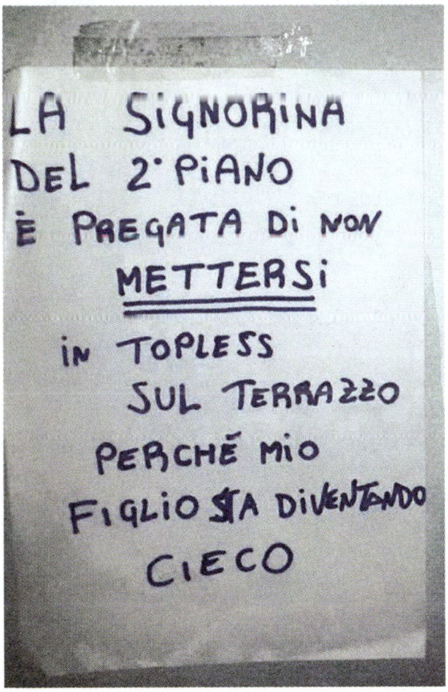
LA SIGNORINA
DEL 2° PIANO
È PREGATA DI NON
METTERSI
IN TOPLESS
SUL TERRAZZO
PERCHÉ MIO
FIGLIO STA DIVENTANDO
CIECO

LA BAMBINA AVEVA CHIESTO "LITTLE PONY"

E IO CHE PENSAVO CHE IN CASO DI EMERGENZA CI FOSSERO PRIMA DONNE E BAMBINI!

POLLO
ARROSTO
GIA' COTTO

BOLOGNA

AVVISO
PER CHI TIENE I GIORNALI PER
PIU' DI 10 MINUTI
E' PREGATO DI LEGGERLI A
VOCE ALTA

IO NON SO
COSA FARE
VAI A FARE IN CUL

QUESTO CAMPO SPORTIVO
è ATTREZZATO di un
DEFIBRILLATORE
DONATO DA
ONORANZE
FUNEBRI
Panzeri & Arvati

OPTICA
VINCULO

RICCHIONI
dal 1962
49

Distinti Salumi

GUAI AD AFFOGARE DOPO PRANZO

MI PIACI DA
MOR

PER VEDERE I LAVORI
TARIFFE:
-10 MINUTI € 2,00
-30 MINUTI € 5,00
-1 ORA € 10,00
CON RINFRESCO
INFORMAZIONI SULL' AVANZAMENTO
DEI LAVORI € 15,00
IL CAPOCANTIERE

Cacciatore impegnato in una battuta al cinghiale

# INSEGNE
# INSIGNI

E VE LO DICE PURE!

A VOLTE RESTA CHIUSO, PER MAL DI TESTA.

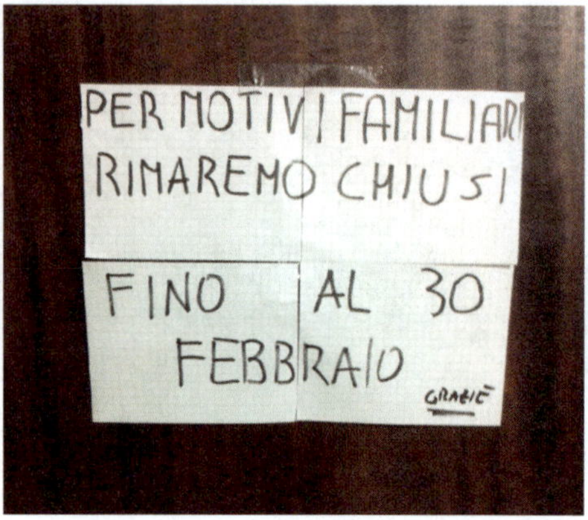


ABBIAMO VOLUTO ESAGERARE

IO TI HO CAPITO MA TE CHE HAI SCRITTO?

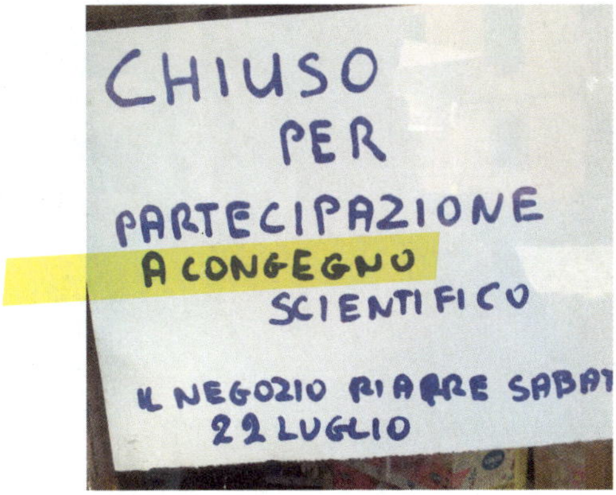

E BEATO TE

L'EDICOLA DI MALGIOGLIO?

BUONTEMPONI SI NASCE

MOLTIPLICA PANI E BRIOCHES

QUI A SAN BARTOLOMEO (IM) FA TUTTO LUI

NEGOZIO PER BAMBINI, PADRI E PADRINI

ENTRAI, MANGIAI, PAGAI E POI...

ABITI ALL'ULTIMO GRIDO

ALTRO CHE CIBO SPAZZATURA

SE ESISTE QUELLO DI NATALE...

IL POSSIBILISTA

UNO SU MILLE CE LA FA

MANZO
CRIMINALE

Trattoria
Pizzeria
DEL PESCATORE
Specialità
Carne alla Brace
del Pescatore

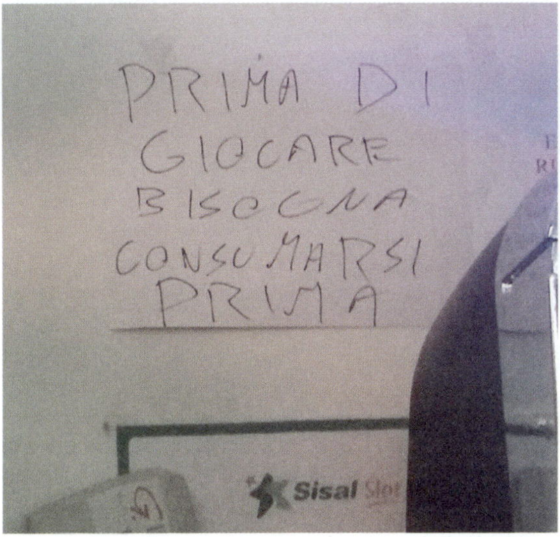

PREMIO QUALITÀ E CORTESIA

EVIDENTEMENTE LA SPECIALITÀ È IL LAVAGGIO A MANO

DOPO QUESTO, C'È SOLO IL «FA-RE-DA-SOL»!

# PIÙ DI QUA CHE ALDILÀ

COMUNE DI MONTESILVANO
ANNUNCI NECROLOGICI
ERMAL
META

P
RISERVATO
AI
CLIENTI
Emilia
ved.
Maria
ved.

RAMON VIVO
SERVICIOS FUNERARIOS
La Alianza Española S.A.

Dott. GIUSEPPINA LA BARA
MEDICINA GENERALE
Specialista in ONCOLOGIA
RICEVE IL:
Lunedì Martedì Mercoledì Giovedì Venerdì

OUTLETdelFUNERALE.it
FUNERALE BASE DA €1.099,00
FUNERALE COMPLETO €1.499,00
La Camilla
www.lacamilla.it
AGRITURISMO
AZIENDA AGRICOLA
FESTEGGIA CON NOI
IL TUO EVENTO

NUOVO CIMITERO
DI LICATA s.r.l.
UFFICIO PRENOTAZIONE
www.nuovocimiterodilicata.it

HOTEL BARA
34-36

Milano
Scarica la nostra App per smartphone
e tablet NOT2 4GET, dal Play Store
di Google e dall'Apple Store.
Con pochi click potrai trovare il tuo caro
nei nostri cimiteri.

WHATSALMA

L'inchiesta
QUOTIDIANO DELL' ALTA TERRA DI LAVORO E DELLA CIOCIARIA
CASSINO / STACCATA
CORRENTE AL CIMITERO
DA 2 GIORNI
MORTI SENZA LUCE

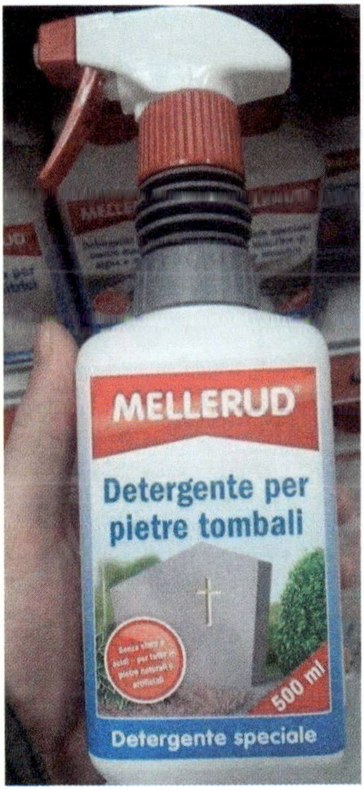
MELLERUD
Detergente per pietre tombali
500 ml
Detergente speciale

SONO NEL
CIMITERO...
...(VIVO)
INFO: (GIUSEPPE)

TRIGESIMO
Ad un mese dalla scomparsa del caro
Antonio
Tonino cazz' 'e fierr'
La famiglia tutta lo ricorda con amore nella Santa
di suffragio della sua anima che sarà celebrata
nella Basilica Pontificia di San Vito Mart

GIUSTAPPUNTO

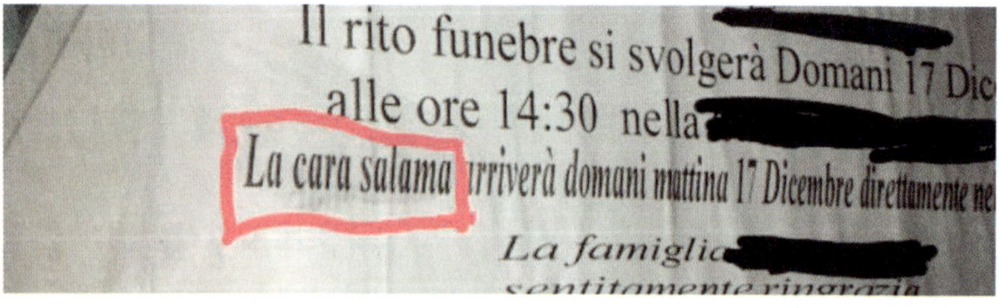


LASCIA UN SOTTOVUOTO INCOLMABILE

Chi non ma pnzat da
viv' non m' pnzass
manc' da mort!
Chi non mi ha pensato da vivo
non mi pensasse neanche da morto!
Michele

Il giorno 24 Gennaio 2018, si è spento
L'Ingegniere Felice

Comune di BUTTIGLIERA D'ASTI
orario cimiteriale
estivo
da aprile a ottobre
07,30 - 19,30
invernale
da novembre a marzo
07,30 - 19,30

DATA VENTISETTEMBRE
★ 20 · 9 · 1903
† 10 · 2 · 1987

ONORANZE FUNEBRI
C'E' TEMPO
DAL 1975
24 H

ONORANZE E TRASPORTI FUNEBRI
Contarino Filippo
perche piangere
due volte?
funerali completi a partire da
1.899 €
Mascali - Via San Leonardo, 1
Giarre - Via Finocchiaro Aprile

INCARICATO CONGRECA
NAPOLI - PONTICELLI
Fabio Muoio
AGENTE FUNEBRE

IMPRESA FUNEBRE
SMORTO TEL

AGENZIE FUNEBRI RIUNITE
A.R.O.N.A. F.LLI MALATTIA

ONORANZE FUNEBRI
Rivoltella
UFFICIO:
NOTTURNO:

ONORANZE
FUNEBRI
dal 1966
CORNACCHIA

Giovanni Cassa
ONORANZE FUNEBRI
Cell.:

PIAZZA
DEI CADUTI
dal 1940
Impresa
Funebre

Onoranze Funebri
SPIRI
SERVIZIO AMBULANZA 24 H
CROCE GIALLA
PUBBLICA ASSISTENZA - SERVIZIO DIALIZZATI - TRASPORTO NAZIONALE ED ESTERO
MEZZO CLIMATIZZATO - DISBRIGO PRATICHE - CORONE - CUSCINI - LAPIDI
Info:

NON USARE IL CELLULARE
MENTRE GUIDI
Potrebbe chiamarti Cristo.

MATITA BLU

QUI A FINIRE SULLA GRATICOLA È L'ITALIANO!

SIETE PREGATI LA SPAZZATURA
DI NON LASCIARLA DAVANTI
LA CASA D' EGLIALTRI
GRAZIE

E STATA
TROVATA
UNA L'ENTE
PER
OCCHIALI

CALENDARIO
D'ELLA
AVVENTO

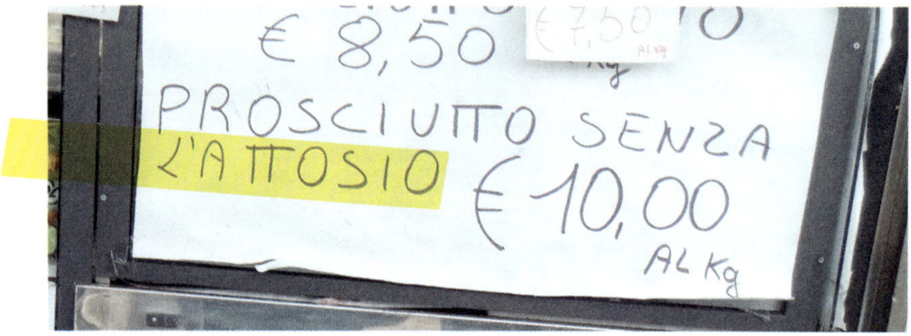
€ 8,50
€ 7,50
PROSCIUTTO SENZA
L'ATTOSIO
€ 10,00
AL Kg

DARE
D'AMANGIARE AI
PESCI

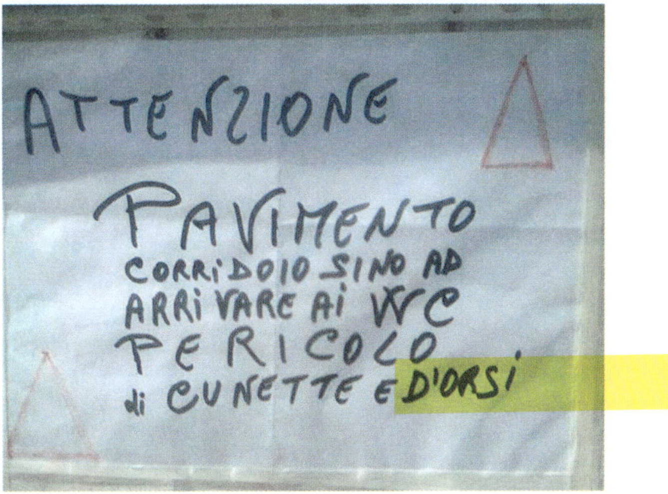
ATTENZIONE
PAVIMENTO
CORRIDOIO SINO AD
ARRIVARE AI WC
PERICOLO
di CUNETTE E D'ORSI

PEDONI
SULL'ATTO
OPPOSTO

PEDONI
SUL'LATO
OPPOSTO

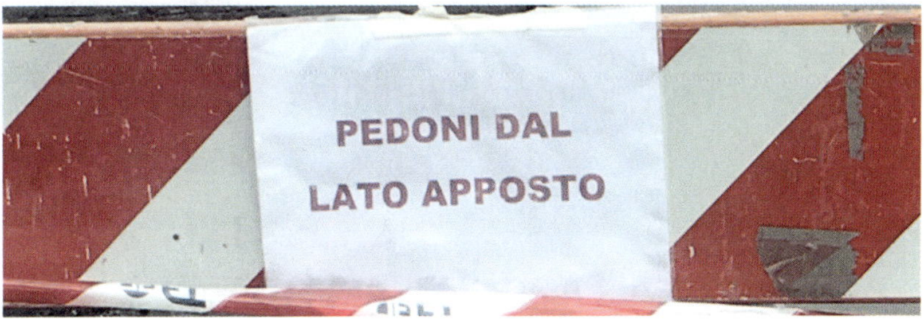
PEDONI DAL
LATO APPOSTO

OGGI POMERIGGIO
IL PATRONATO RESTERA'
CHIUSO.
RIAPRIRA' DIRETTAMENTE
L'UNEDI 8 MAGGIO.

TI SPREMO COME UN L'IMONE

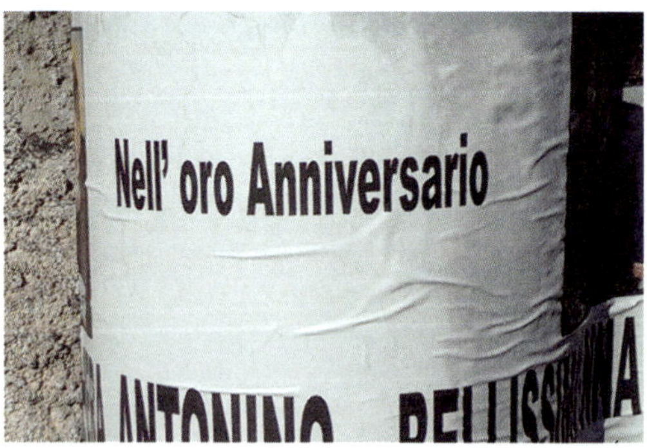
Nell' oro Anniversario

L'AMORE È UN APOSTROFO ROSA
TRA «S» E «ANVALENTINO»

ALLE DUE COSTANO DI PIÙ

BENVENUTTO IN BIBLIOTECA
RAGAZZI
LA TUA ETA' E'
COMPRESA TRA GLI 0 E I
14 ANNI?
SEI FORTUNATO

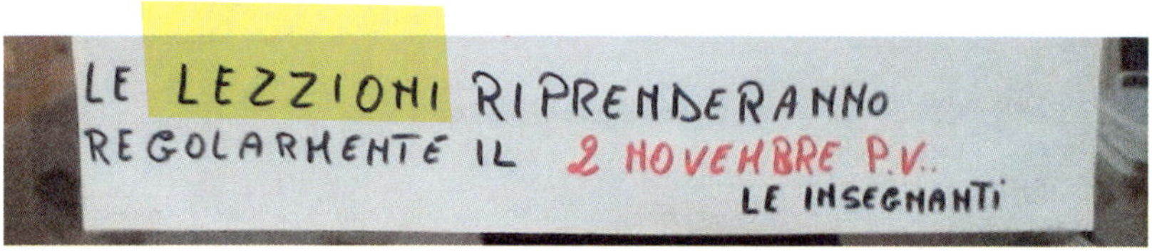
LE LEZZIONI RIPRENDERANNO
REGOLARMENTE IL 2 NOVEMBRE P.V..
LE INSEGNANTI

educativa
Dipingi con il dito
Di cuale colore dipingerai il automobile?

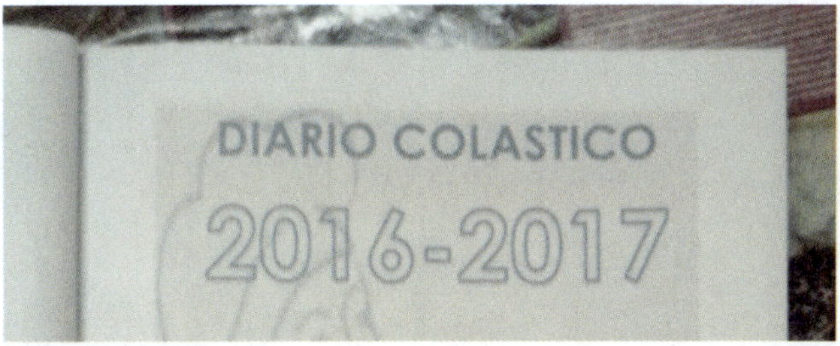
DIARIO COLASTICO
2016-2017

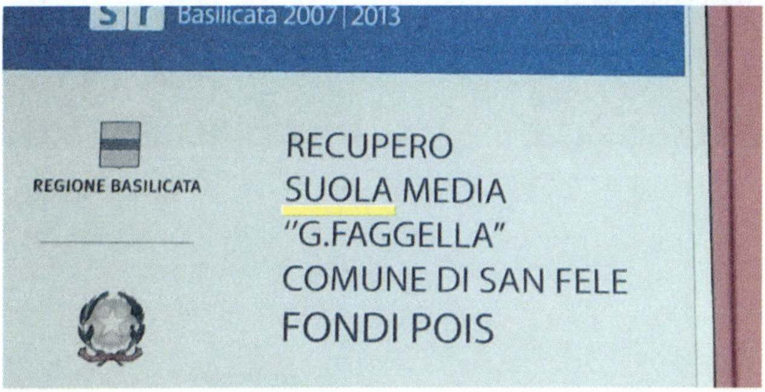
Basilicata 2007|2013
REGIONE BASILICATA
RECUPERO
SUOLA MEDIA
"G.FAGGELLA"
COMUNE DI SAN FELE
FONDI POIS

A lezione di risparmio
LA LISTA
DELLA MAESRA

"A. DIAZ
LICEO SCENTIFICO STATALE CASERTA"
chi è del diaz, lo è per sempre

L'ADDIO AI LIBRI, INVECE, SI È CONSUMATO PARECCHI ANNI ORSONO!

HAI SUPERATO LE ELEMENTARI?

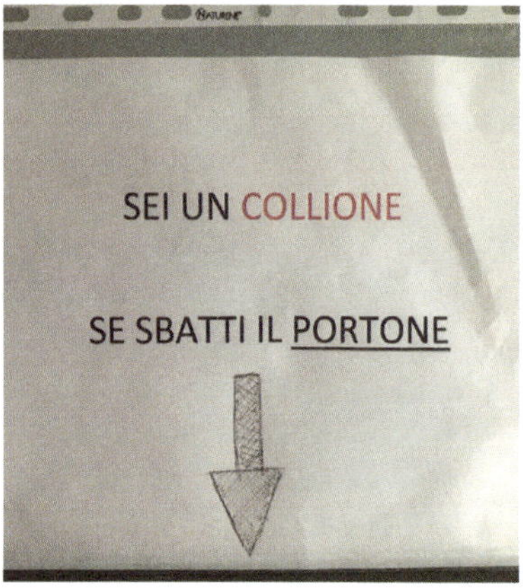

LA BIGLIETTERIA ACCETTA SOLO CANTANTI!
DEL RESTO SE C'È LA MONETA SONANTE
CI SARÀ ANCHE QUELLA CANTANTE

NON PARLA DEL DIZIONARIO

LASCIARE LIBRO, AH HO CAPITO, NON È UN GARAGE È UNA BIBLIOTECA!

FACCIAMO CHE A SCUOLA CI ANDIAMO INSIEME?

ALMENO UN LAUREATO IN FAMIGLIA

UN PO' MENO AL PASTICCIERE

Provolone affinato nel mostro
aglianico l'etto

PUMADORA
PE ANZALATA
COLTIVATI
DA MIA MADRE
IN CALABRIA

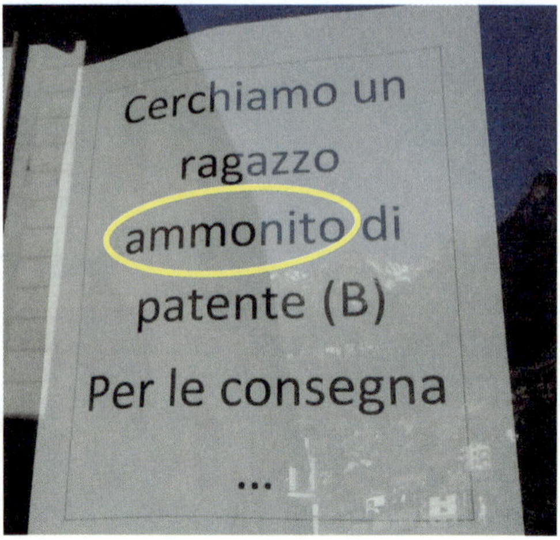


DAL FOGLIO ROSA AL CARTELLINO GIALLO È UN ATTIMO

C'È PUZZA DI ERRORE

NON È UN CARTELLO IN 3D, È IN 3M

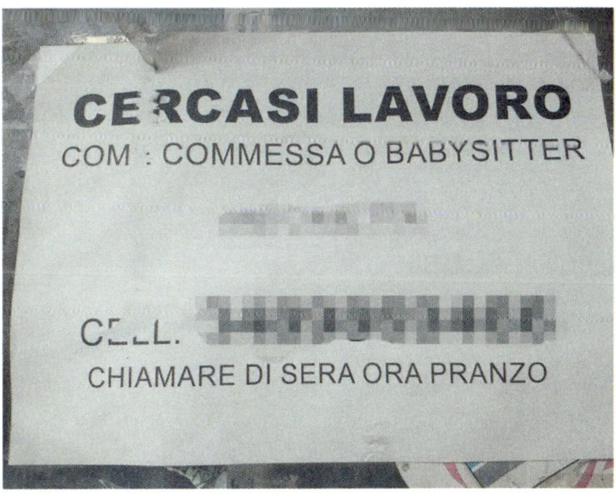


GLI INTERMINABILI PRANZI DOMENICALI

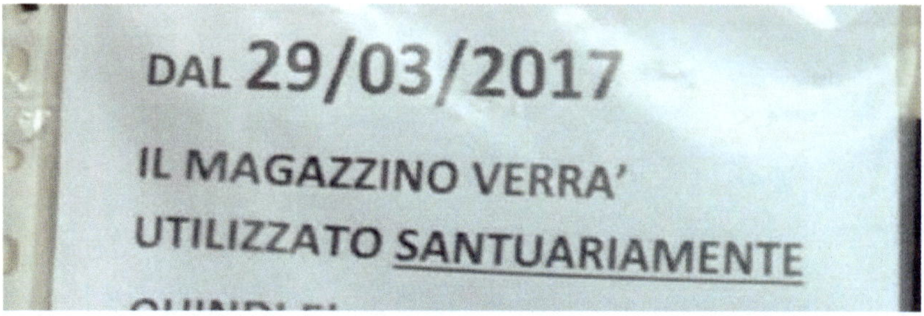

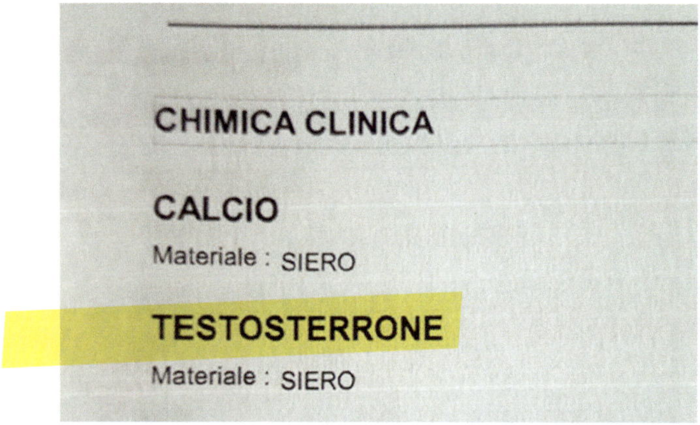


È L'ESAME CHE RIVELA SE HAI SANGUE MERIDIONALE

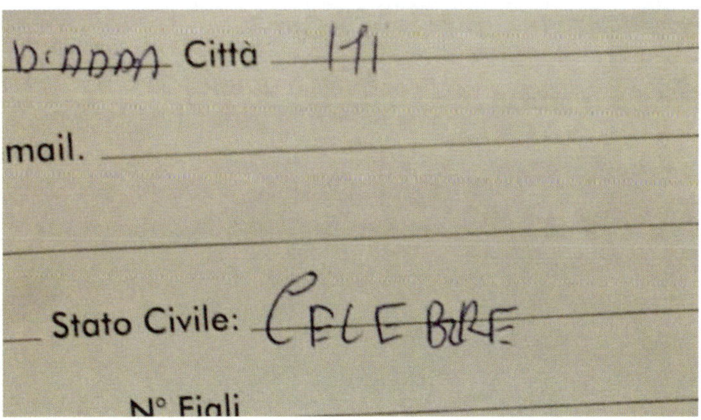


IMMAGINO GIÀ IL POSSIBILE ANNUNCIO:
UOMO CELEBRE CERCA DONNA NOBILE!

BEH COME PROPOSTA MI PARE ABBASTANZA INDECENTE

NON PERSEGUITO, PERSEGUITATO! GLIELO RICORDERANNO DI GIORNO, DI NOTTE, VERRÀ ADDITATO: « È LUI, È LUI, È QUELLO DEL DIVIETO! »

MANCO LE BASI

CAVOLO, MA C'È SCRITTO APPENA SOTTO!

ARRIVATE TARDI: È DA UN PEZZO CHE ABBIAMO ESPORTATO LA PIZZA!

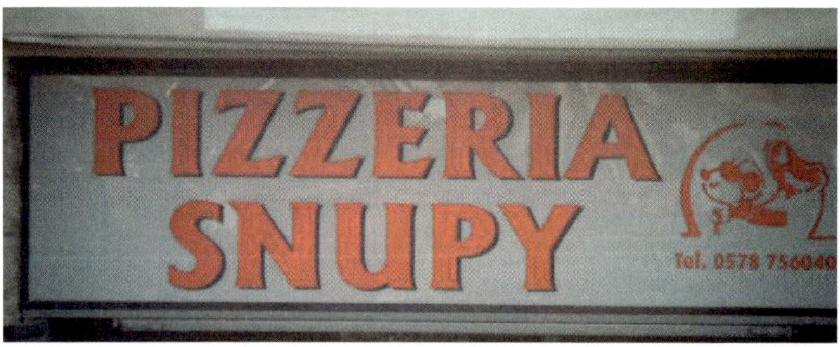

CHI BEN COMINCIA...

PREFERISCO LO SANGELES

IL BAMBINO È «PENANATO», E GIÀ DEVE VEDERE STE COSE

PRINCIPESSA
TI
ASPETTO A

Sei l'ha mia vita
Tvb

MAI DETTARE QUANDO SI È RAFFREDDATI

SE TROVI POSTO HAI FATTO TOMBOLA

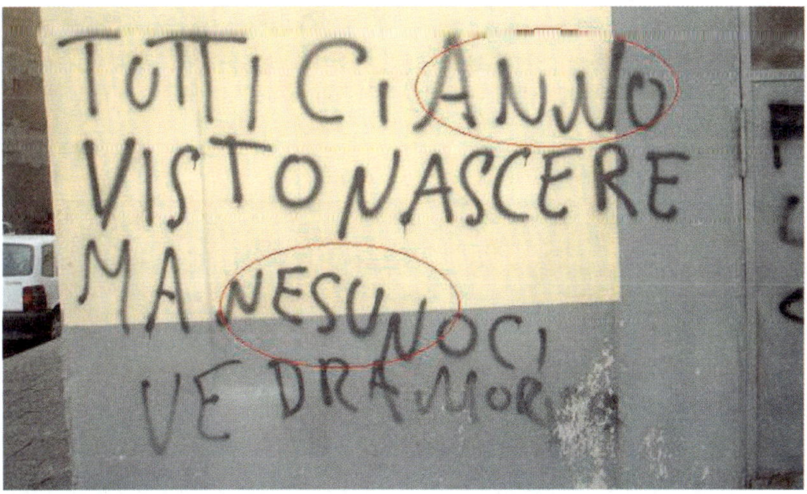


E PURTROPPO, TEMO, NESSUNO VI VEDRÀ APRIRE UN LIBRO DI GRAMMATICA...

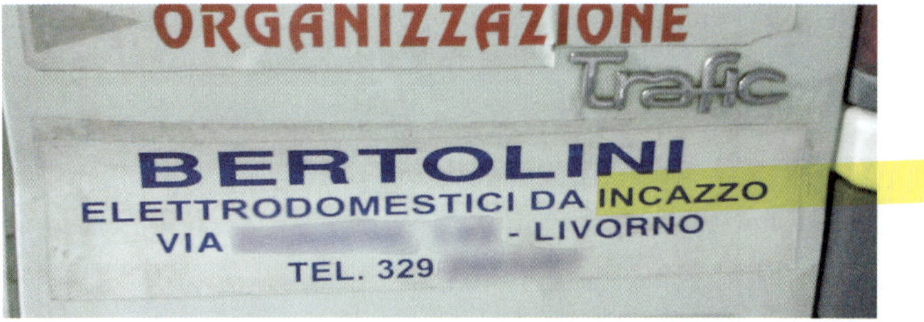


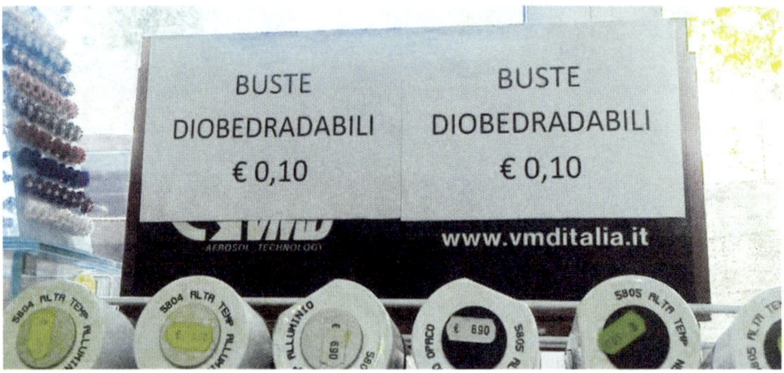


IL (BIO)DEGRADO DELLA NOSTRA CARA LINGUA

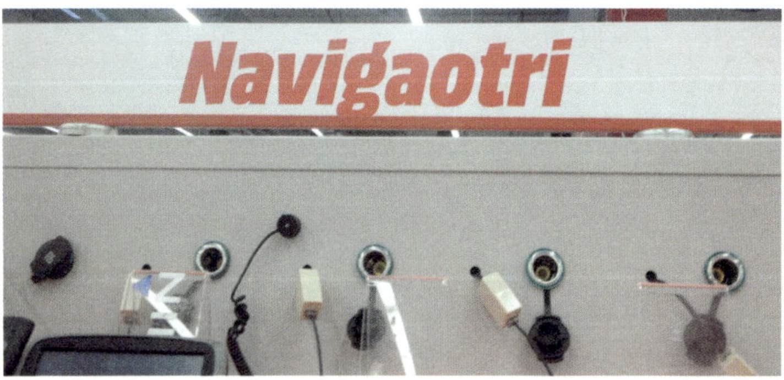

OCCHIO NON VEDE PORTAFOGLI NON DUOLE!

TE CREDO, CON TUTTE LE TASSE SULLA CASA CHE CI SONO, C'È POCO DA RIDERE

MA PERCHÉ, QUANTO STANNO?

DEL RESTO OGNI PISCINA HA I SUOI COSTUMI!

BEH MAGARI IN CAMBIO DI LEZIONI DI ITALIANO!

GRAZIE MA SBAGLIO DA ME

ANDIAM, ANDIAM, ANDIAM A LAVORAR!

FAAC
AUTOMATISMI PER CANCELLI-INFISSI
STRUTTURE
IN LENGO
[redacted]
STRUTTURE
IN LEGNO

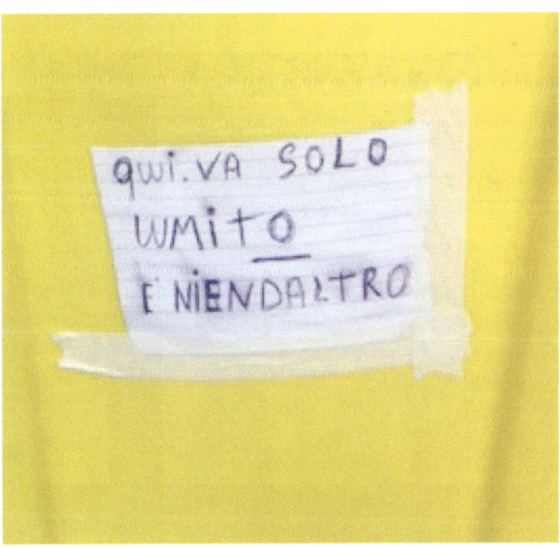
qwi.VA SOLO
wmito
E' NIENDALTRO

O CHE UMIDITÀ C'È IN QUESTO EDIFICIO?

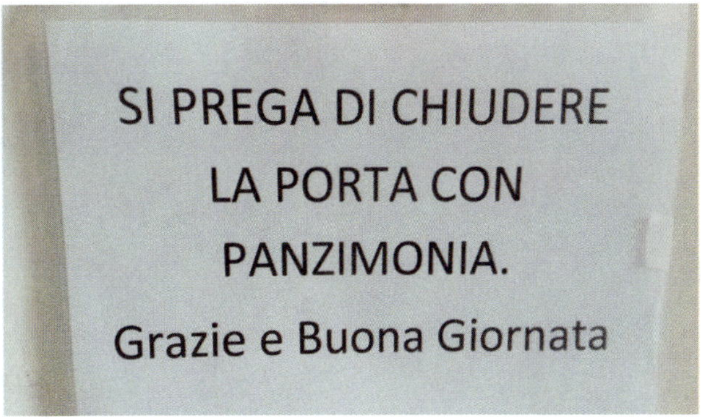


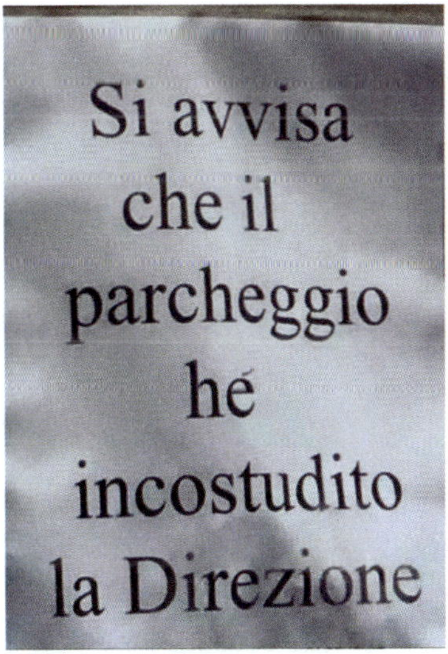


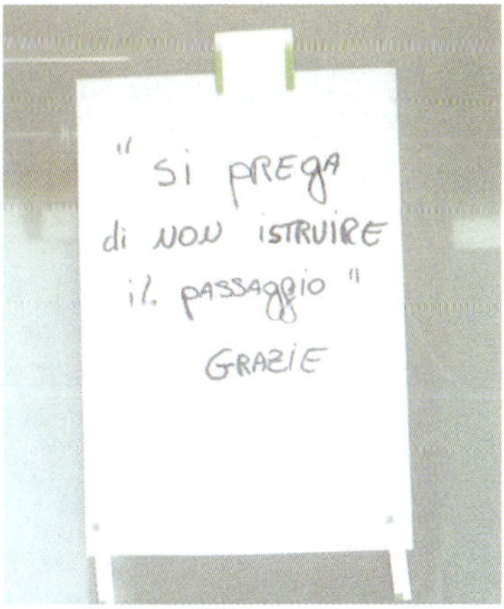


DEV'ESSERE IL PASSAGGIO CHE PORTA ALLA STRADA MAESTRA!

PER CONDIRE GLI SPINACI

MEGLIO SE AVESSE SCELTO LA STRADA PER LA SCUOLA

IO LUMACA, TU SOMARO

MAI QUANTO HAI DELUSO LA PROF D'ITALIANO

NO, NON TI CREDESSI

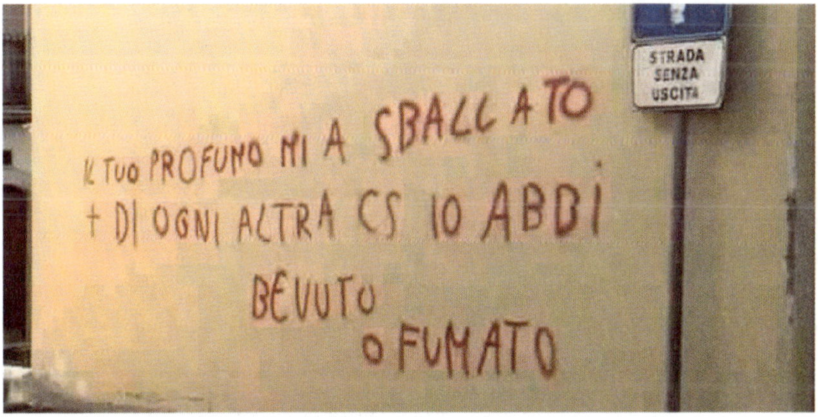


E DI BERE E FUMARE A OCCHIO SE NE INTENDE

SE ALLUNGO
VUOI CAMPARE
I FRUTTI DI MARE
DA
PANATTONI
DEVI COMPRARE
(UN NOME UNA GARANZIA)

CADAUNO
OFFERTA
PANE DALTA
MURA
€ 3
CADAUNO

BEH A INVENTARE È BRAVO, L'ITALIANO LO STA INVENTANDO ALLA GRANDE!

E PULTROPPO AI SBAGLIATO ANCHE TU

L'AUTORE INVECE NO, ORMAI LA FIGURA L'HA FATTA!

MIO NO, MA DEL TUO INSEGNANTE SICURO

QUANDO UN LAUREATO IN MEDICINA, SENZA LAVORO, SI RICICLA NELL'EDILIZIA

PEDONATO

# IL CARNIERE DELLO SPORT

GERVINHO, ATTACCANTE IVORIANO DEL PARMA

LAZIALE GIGI D'ALESSIO!
asr

ROMA...AMOR, LAZIO...OIZAL
NON AVETE SENSO NEANCHE AL CONTRARIO!

IGNAZIO ABATE, TERZINO DEL MILAN

Speciale

GIORNALE DI SICILIA
Domenica 6 Novembre 2016
A cura di GDS Media & Communication

# Matarona di Palermo

LA FESTA DEL PODISMO. DOMENICA PROSSIMA L'EDIZIONE NUMERO 22 DELLA CORSA PALERMITANA. ATTESI TANTI APPASSIONATI, MA ANCHE I RAGAZZI DELLE SCUOLE



MATARONAAAA È MEGL 'E PELÈ

**Vigor Trani Calcio**

31 minuti

1' Giornata
Vigor TRANI calcio - Atletico Vieste 2-0
Marcatori: Negro e Terrone

PER LA GIOIA DI SALVINI

SPORT MEDIASET

HOME CALCIO CHAMPIONS MERCATO LIVE DIRETTA CALCIO RISULTATI F1 MOTOGP SBK

SPORTMEDIASET » MERCATO » UFFICIALE LIONE: PRESO N'KOULOU

# UFFICIALE LIONE: PRESO N'KOULOU

# CAIRO: «N'KOULOU ME LO TENGO!»

## «IL RISCATTO DEL DIFENSORE È AUTOMATICO IN BASE ALLE PARTITE GIOCATE. MAZZARRI SAPRÀ ESALTARE LJAJIC ALL'ENNESIMA POTENZA»

*Sirigu, Burdisso e N'Koulou: il trio delle meraviglie granata che ha respinto gli attacchi dell'Inter*

**PAOLO PIRISI**
TORINO

Dalla freddezza dopo il crollo contro la Fiorentina del 18 marzo all'entusiasmo dopo il trionfo contro l'Inter sembra passato un secolo. Perché il Toro di

momenti più delicati. E' un Toro che finalmente sorride. E lo fa soprattutto Urbano Cairo, che brinda al successo contro l'Inter: «È stata una gran bella gara e sono molto contento, ma ora dobbiamo pensare a fare una partita dopo l'al-

NICOLAS N'KOULOU DIFENSORE CAMERUNENSE,
ATTUALMENTE AL TORINO

---

# La goffa esultanza di Bocalon nella rubrica di Carmine Militello a "Striscia la notizia" Video

Anche l'attaccante dei grigi nella popolare trasmissione di Canale 5 adesso condotta da Ficarra e Picone

CHI DI STRAFALCIONE FERISCE...

FIFA

**FIFA.com en Français**
@fifacom_fr

Segui

Joyeux anniversaire à Fernando Totti !!!
Le Romain fête ses 40 ans aujourd'hui !

Visualizza traduzione

IL COMPLEANNO È DI (FRANCESCO) TOTTI
MA LE ORECCHIE LE TIRIAMO ALLA FIFA!

**IL DERBY.** Con il Grantorto la prima vittoria. Ballardin segna ad inizio ripresa ma subito dopo viene espulso Veranda

# Il Gazzo si rialza e tiene duro fino alla fine

| | |
|---|---|
| Gazzo | 1 |
| Grantorto | 0 |

**GAZZO:** Malimpensa, S. Fior, Daminato, Veranda, M. Tognato, Parise, F. Tognato (43' st M. Fior), Munari, L. Ballardin (28' st Valente, st 49' De Boni), S. Fior, L. Tognato. All. Gardin.
**GRANTORTO:** Cerchiaro, Miazzo (21' st Pozza), Cepraga (15' st Yakhber), Peruzzo (30' st Mohiama), Gazzetto, Posiana, Sarr, Munaretto, Ndiaye, Rachidy (1' st Ineschi), Jaitehba. All. Cerchiaro.
**Arbitro:** Pozzato di Bassano
**Reti.** St. 3' L. Ballardin (GA)
**Note.** Spettatori 200 circa. Espulso: 8' st Veranda (GA).

**Nicola Ciatti**
GAZZO PADOVANO

Ci voleva proprio il derby per portare in dono i primi tre punti stagionali al Gazzo. La squadra di Gardin vince 1-0 la sfida tra "vicine di casa" col Grantorto, nonostante oltre mezzora in inferiorità numerica e conquista il secondo risultato utile consecutivo dopo il pareggio col Ponte dei Nori.

Stop difficile da digerire, il secondo di fila dopo quello con la Concordia, per il Grantorto, grande favorita della vigilia, forte tecnicamente, ma poco cinica dalle parti di Malimpensa. Il primo tempo è tutto di marca ospite.

Al 13' il portiere di casa stende Ndiaye al limite dell'area, calcio di punizione e occasione che sfuma. Al 20' grande chance in contropiede ancora per Ndiaye, ma solo contro il portiere angola troppo il diagonale.

La prima occasione per il Gazzo la crea Luca Ballardin al 42', ma l'attaccante angola troppo il destro e la palla termina a lato. Ma per il numero nove di casa si tratta solo delle prove generali, perché è proprio lui al 3' della ripresa ad approfittare di un perfetto assist da destra di Veranda:

Ballardin festeggia con Veranda

stacco di testa, dopo una finta a ingannare il difensore e gol partita.

Nonostante il vantaggio, all'8' i padroni di casa rimangono con l'uomo in meno: Posiana stende Veranda, viene ammonito, ma il giocatore di casa si lascia andare un'espressione irriguardosa e l'arbitro lo espelle. Il Grantorto reagisce, ma veri pericoli la porta di Malimpensa non ne corre, fino al 37' quando Jaitehba non arriva di un soffio sul tiro cross di Ndiaye, e al 50' quando Yahkber sfiora solo il tocco su invito dell'ottimo Sarr. •

●○○○○ 3 ITA 12:42 99%

Home 1 di 40

06/04/2014

**Inter, Thohir: "Mazzarri resta anche il prossimo anno"**

**Il presidente incinta la squadra: "Dobbiamo reagire insieme per le ultime sei gare"**

MORATTI È SEMPRE STATO UN PADRE PER L'INTER

Doppietta che vale oro

**Il Bra soffre con il Chieri poi Lazzaro lo resuscita**

| | |
|---|---|
| Bra | 2 |
| Chieri | 1 |

Bra

sPelissero; Rossi, Bettati, Dolce,

ALL.: Daidola

RENATO ARDUINO
BRA

In «emergenza» per le nume rose assenze (il portiere Bo nofiglio squalificato; Barale Besuzzo, Beltrame e Gasba roni infortunati), il Bra sfoder una prova di carattere e sup ra in rimonta (2-1) il Chieri gr

ROMANESE: Offredi 6, Prandelli 6.5, Gusmini 6.5, Zonca 6 (31' st Baretti sv), Drago 6, Mandotti 6.5, Palazzi 6.5 (39' st Gambirasio sv), Meneghel 6.5, Serioli 6.5, Iori 6 (1' st Fracassetti 6), Turchi 6. A disposizione: De Martini, Rizzi, Belotti, Paris. All: Lucchetti.

**ARBITRO:** Carlucci di Potenza 6.

**RETI:** 12' Iori, 45' Meneghel.

**NOTE:** terreno in buone condizioni. Presenza di belle fighe in tribuna. Spettatori 150 circa. Ammoniti: Tirelli e Margherita per proteste. Angoli: 5-4 per l'Ospitaletto. Recuperi: 3' e 2'.

DEV'ESSER STATO UN MATCH INTERESSANTE

**FantaSoccerVillage**

4 ore ·

Madonna stangato per bestemmie

LEGA PRO GIRONE C • PAGANESE

## Grassadonia, Paganese: "Ci siamo suicidati da soli"

17 ottobre 2016 ore 06:49 Redazione Resportweb

SPIACE PER LORO, MA IN REALTÀ I NERAZZURRI ANDARONO A FREGENE

SEEDORF IN QUESTA INTERVISTA SI È MESSO A NUDO

E DOV'È LA NOVITÀ?

U.S.S'ANTANTONIO
CALTANISSETTA
1970

ATTENZIONE
ALLA CATENA
SE INCIAMPATE
SARA' RIGORE PER
LA JUVENTUS

DA CESTISTA A CESTINO È UN ATTIMO

NOIA E PALESTRA IN UNA CRASI SUBLIME.

# ON THE ROAD

SOTP

SCULE

SUOLE

TAXI
BSU

STPO

THIENE
RIFE
Questo comune aderisce a

C.E. P.C.
PETO PLACE
N.W.I.

rio Merdaiolo

torrente cacarello
88 m

ABBREVIARE PINO TORINESE È IL TOP

NON SAPETE LEGGERE UNA PIANTINA?
(battuta di Mauro Casciari)

ANCHE CHI L'HA SCRITTO
DEVE AVER BEVUTO

VEDI ALLA VOCE «RIBADIRE IL CONCETTO»

MA PERCHÉ?

NON VOGLIO SAPERE COSA STA SPALANDO QUELL'UOMO...

C'È UNA SECONDA POSSIBILITÀ PER TUTTI

È PROPRIO VERO: SPESSO LE TENTAZIONI SONO DIETRO L'ANGOLO

ATTENZIONE
VIA BOCCA
CHIUSA

STRADA
SENZA
USCITA
VIA
DELLA
RIFORMA

BEH SIAMO NEI LIMITI

10
PARTENZA
DAKAR
2015

W.C. PUBBLICI
a 50 m
su Via
RESISTENZA

DIVIETODI SOSTA
25ORE SU24

QUI IN QUESTA STRADA
IL 19 GIUGNO 1985
NON É SUCCESSO NULLA

anas
NON DISTRARTI!
GUIDI,
anas

PIETRE INTENSE
FINO A
PIOGGIA LIGURE.

CINTURE E VASCO
POSSONO SALVARE
LA VITA

OUTLET
OUTLET
AFFITTA
OUTLET
BELLA MINCHIATA!!!

瓦 房 口
WAFANG KOU

5
A QUESTO
PUNTO VADO
A PIEDI!

...PURE MI FIJO, CÒ PALETTA
E SECCHIELLO, AVREBBE FINITO!

È CONSENTITA
LA SOSTA
AI CORNUTI

# SERVIAMO IL NUMERO

CHI L'HA SCRITTO È IL TIPICO BACCALÀ ITALIANO

DISARMANTE

IRROMPE UNA NUOVA BEVANDA. CON LA CONCORRENZA È SCOPPIATA SUBITO UNA GUERRA INTESTINA!

PER DONNE CON GLI ATTRIBUTI

ANDRÀ A RUBA IN VENETO

CARBONELLA PER NON ABBIENTI

I BUONI SAPORI DI UNA VOLTA

IL TONNO UNTO DAL SIGNORE

QUI IL PESCE VA A RUBA

DA LASCIARE A BOCCA APERTA

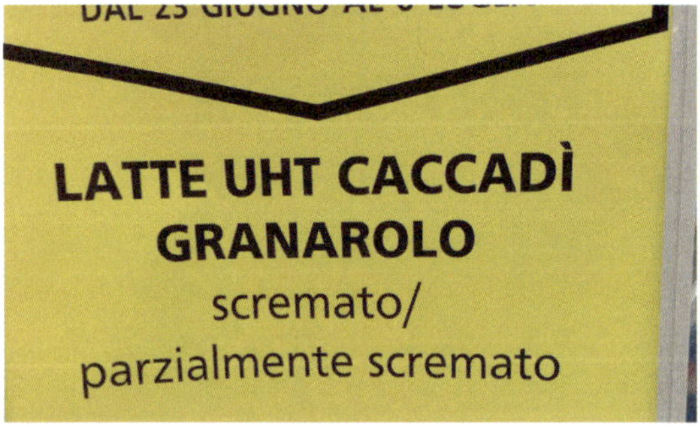


IL LATTE PURGANTE

PHILIPS
Mixer
Miscelazione potente
ed efficace per torte al cucchiaio
CONAD
SBATTITORE
PHILIPS
€29,90

Maury's
PROMOZIONE
MAURY S SCOPA ROSSANA
€ 1,99

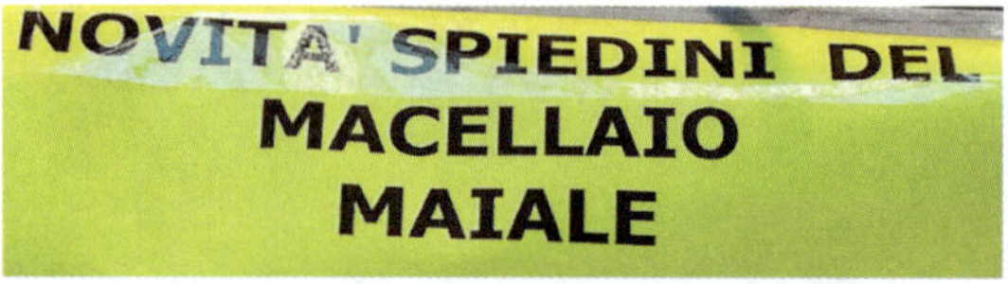

MORBIDA, GUSTOSA E, OVVIAMENTE, RICCA DI FERRO

DEL RESTO SI SA, QUANDO MANGI I GRASSI VANNO TUTTI NEI FIANCHI

PARMIGIANO ARRAPATO CERCA FORMAGGIO COI BUCHI

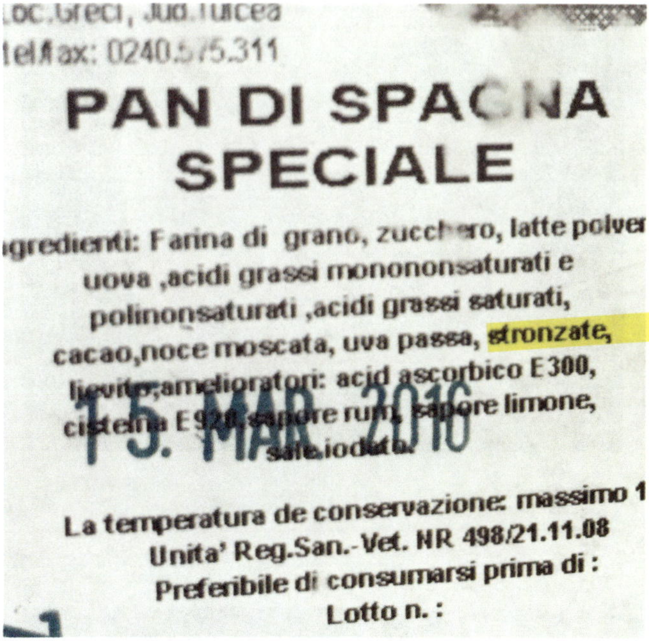
PAN DI SPAGNA
SPECIALE
gredienti: Farina di grano, zucchero, latte polver
uova ,acidi grassi mononontsaturati e
polinonsaturati ,acidi grassi saturati,
cacao,noce moscata, uva passa, stronzate,
acid ascorbico E300,
sapore limone,
15. MAR. 2016
La temperatura de conservazione: massimo
Unita' Reg.San.-Vet. NR 498/21.11.08
Preferibile di consumarsi prima di :
Lotto n. :

Panino di Pane
Ingr.: Farina 00, Acqua, Sale, Lievito Naturale

È NOTO CHE IL LIMONE SUL PESCE È LA MORTE SUA

NON SI PUÒ CERTO DIRE: QUESTA PRUGNA NON SA DI UN FICO

INDICAZIONI

AMBROGIO HA FATTO OUTING

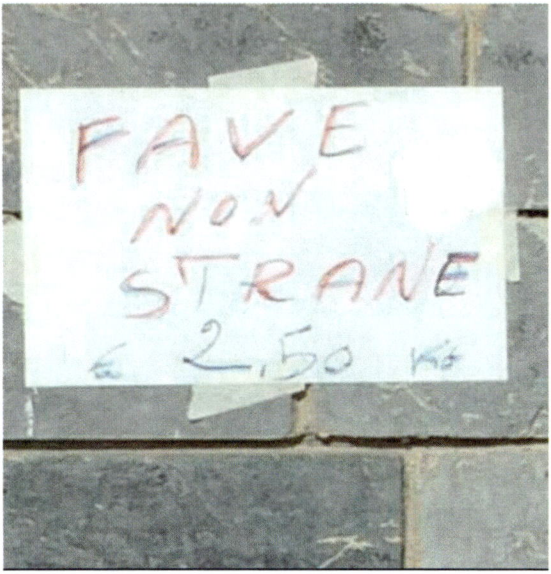
FAVE
NON
STRANE
€ 2,50 Kg

PIZZA
PRUSUTTO

FRANCESISMI

SCARPE IN DUE VERSIONI: CON O SENZA PELO

GIÙ LE MANI DA QUESTE SCARPE

DA USARSI DOPO LA CARTA IGIENICA PECCACÀ

GUARDATE COME HANNO SCRITTO SELFIE

UN BIGNAMI DI SESSISMO

A CHI HA IDEATO QUELLA FORMA
ANDREBBE FATTA LA PROVA DEL PALLONCINO

# TUTTO IL MONDO È BELPAESE

UNDERGROUND. DA SPROFONDARE SOTTO TERRA

«COME SI SCRIVE DISABILI IN INGLESE?»
«BOH, TE SCRIVICI DISABILI, VEDRAI CAPISCONO»

BED AND BREAKFAST

BOUTIQUE

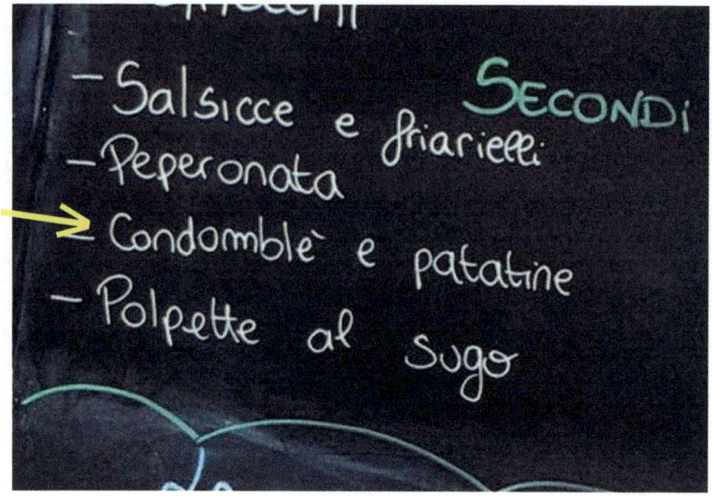


CORDON BLEU

COCKTAILS.
QUANTI SE NE SONO FATTI PRIMA DI CONCEPIRE L'INSEGNA?

HAPPY HOUR

TAKE AWAY

MUFFIN

CHEESECAKE

SANDWICH

CROISSANT

BELLISSIMA

WHISKY E COKE SUPPONGO.
SCRITTO COSÌ VUOL DIRE WHISKY E... PISELLO

DOUBLE FACE

MADE IN ITALY

LEGGINS

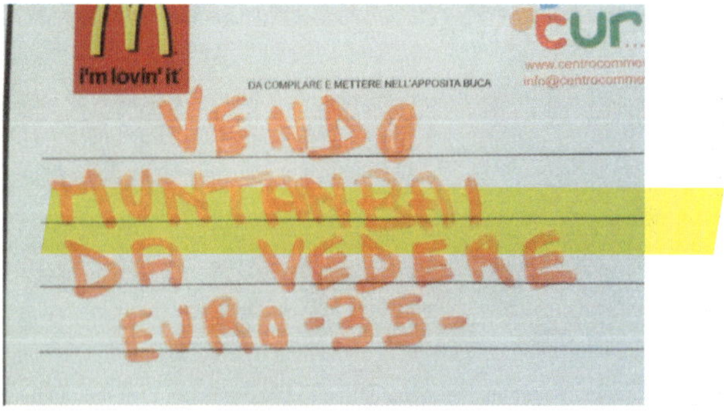


MOUNTAIN BIKE

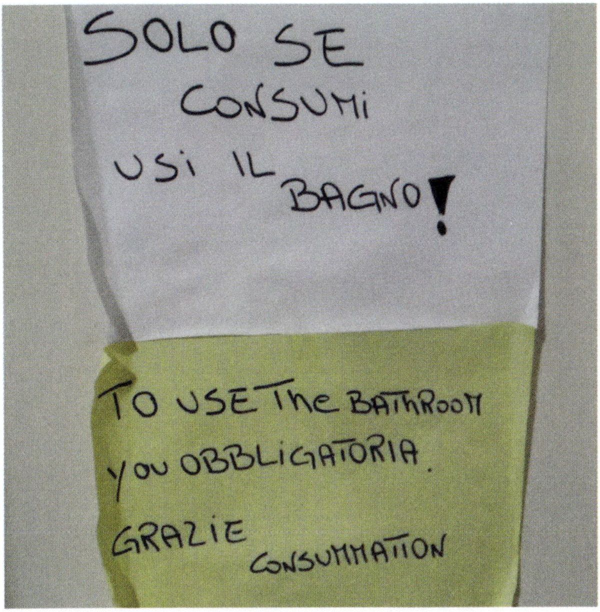


IL TETRIS CON LE PAROLE

NO SMOKING

CHIUSO
APRO. 26/4/17
BUON QUI CHEN.....

WEEKEND

SI PREGA.DILA
SCIARE LIBERO
IL BOKES
GIORNO E NOTTE
GRAZIE

BOX

PRIVACY

EINSTEIN. E CHI L'HA SCRITTO COSÌ NON È CERTO UN GENIO

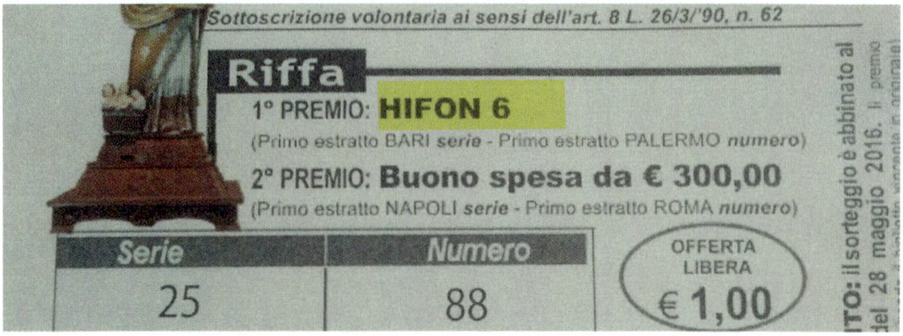


I-PHONE

SELF IN ROMAGNOLO

L'ULTIMA TRILOGIA DI WALT DISNEY

HELLO KITTY, ANZI... SCRITTO COSÌ... DIREI PIÙ «KITTI COMPRA?»

MASHA (E ORSO)

PAW PATROL

A PELLET

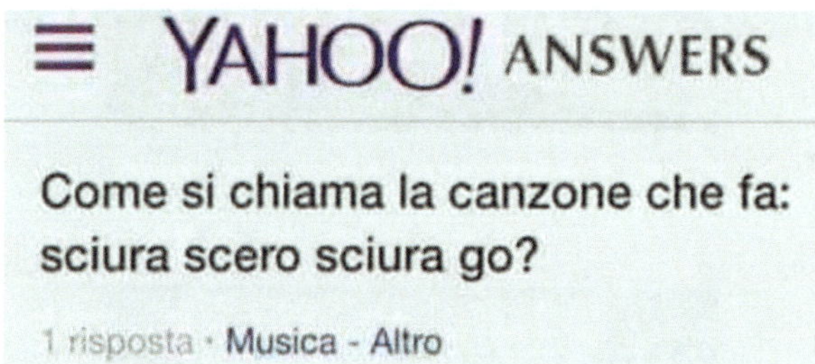


BEH, PERÒ HO CAPITO! È «SHOULD I STAY OR SHOULD I GO» DEI CLASH

TIME OUT

# PARTITI, ELEZIONI E ALTRE DISGRAZIE

L'UNICO POLITICO CHE, GIÀ DAL COGNOME,
TE LO DICE CHIARO E IN ANTICIPO

Vieni a scoprire il misterioso ed affascinante
MONDO DEI RETTILI
25
PONTEDILEGNO
VALCAMONICA
SABATO
15 AGOSTO
ORE 21.00
PONTEDILEGNO
MATTEO
SALVINI
INTERVISTATO DA
PAOLO DEL DEBBIO
LEGA NORD
SALVINI
PONTEDILEGNO
PALAZZETTO DELLO SPORT
13-14-15 AGOSTO
CAPARINI | MARTINAZZOLI | GUIDESI
CONSIGLIO | LENA | ROLFI | BORGHESI
FANETTI | BORDONALI | GRIMOLDI | GALLI
DAL 13 AL 19 AGOSTO

L'ALTRA
SAN CATALDO
PER
I BENI
COMUNI
scrivi
Maddalena FICAROTTA
SETTIMIO CULORA SINDACO

ELEZIONI POLITICHE
DOMENICA 4 MARZO
ALLA CAMERA
GATTA
AL SENATO
SILVESTRIS
BERLUSCONI
MELONI
LEGA
SALVINI
NOI CON L'ITALIA

MELI - TOCCO
Irma
Franco

Sulla scheda ROSA per il Municipio XIV (ex XIX)
Barra il simbolo e SCRIVI
Sulla scheda BLU per il Consiglio Comunale
Barra il simbolo e SCRIVI
FICCO
MISCUSI
GIORGIA
ESPRIMERE DUE PREFERENZE PURCHÉ DI SESSO DIVERSO

#VERIVALORI
NON PORTO DONI
MA VERI VALORI
AL SENATO
FILIPPO MELCHIORRE
GIORGIA MELONI
FRATELLI D'ITALIA
FORZA ITALIA
BERLUSCONI PRESIDENTE
LEGA
SALVINI
NOI CON L'ITALIA

Primarie 25
Bersani
2013
16-17-18 / 23-24-25
novembre 2012
3ª SAGRA DEL
BOLLITO
per veri buongustai

Gazzetta del Sud
SOVERATO
EREZIONI
ULTIME ORE
PER
DECIDERE
CHI SCENDERÀ
IN CAMPO

BASTA
PROFUGHI
RSI
FIAMMA
NAZIONALE
ITALIA
AGLI
ITALINI
FIAMMA NAZIONALE sez. GENOVA
Fiammanazionale.genova@gmail.com

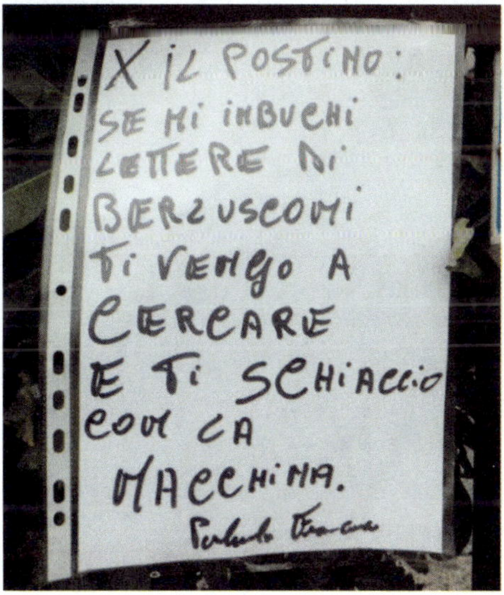
X IL POSTINO:
SE MI IMBUCHI
LETTERE DI
BERLUSCONI
TI VENGO A
CERCARE
E TI SCHIACCIO
CON LA
MACCHINA.

LA RISPOSTA DELL'ESTREMA SINISTRA AL BUNGA BUNGA

SE I RISULTATI SONO QUESTI, LA RIFORMA GELMINI NON È SERVITA DAVVERO A NULLA

AUTO BLU + TARGA DI CARTONE = PAESE CON LE PEZZE AL CULO

BISCOTTO 100% COMUNISTA
BUONO COME I BAMBINI DI UNA VOLTA

torrente
vota ladri

GIÀ FATTO

MP
TUTTI
AROLE E LE IDEE
HE INFIAMMANO
LA POLITICA
AMERICANA
A cura di
GEORGE BEAHM
Prefazione di
Francesco Costa
MATTEO SALVINI
SECONDO MATTEO
FOLLIA E CORAGGIO PER CAMBIARE IL PAESE
Rizzoli
LO COELHO
AMICIZIA
FRANCESCO DI FANT
COME RICONOSCERE UNO STRONZO AL PRIMO SGUARDO
NEWTON COMPTON EDITORI

# STRESS
# E
# URBAN

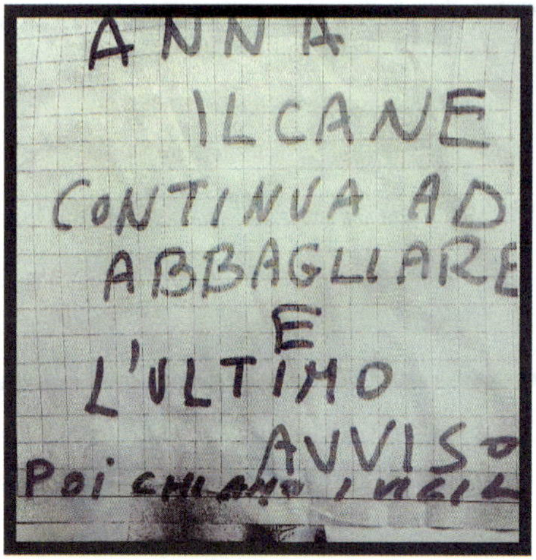


SEMPLICE: ABBAGLIA PERCHÉ PIÙ AVANTI
HA VISTO UN POSTO DI BLOCCO

CORTESEMENTE
NON
PISCIARE IL CANE
GRAZIE

SCIURA
IL CESTINO
DELLA MERDA
È AVANTI 20 M.

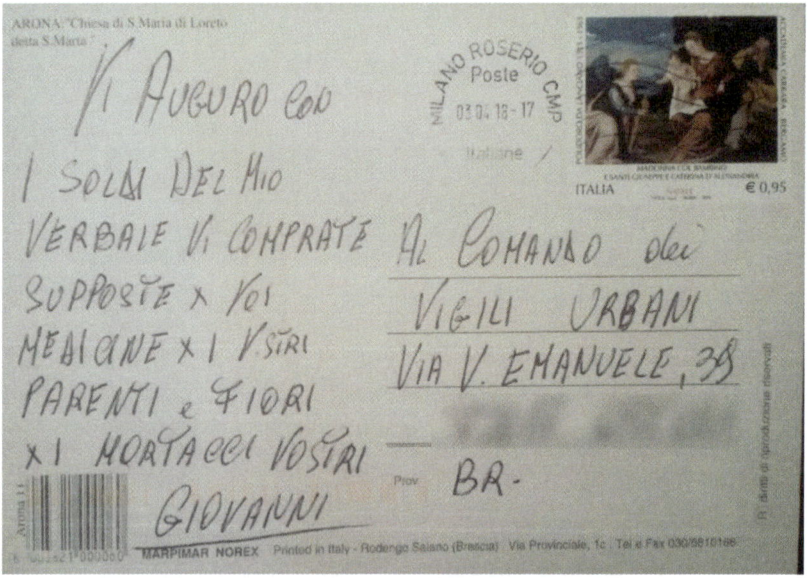


I VIGILI SONO URBANI, IL MITTENTE UN PO' MENO

DA CASELLA DELLA POSTA A CASELLA DELLA PROSTATA

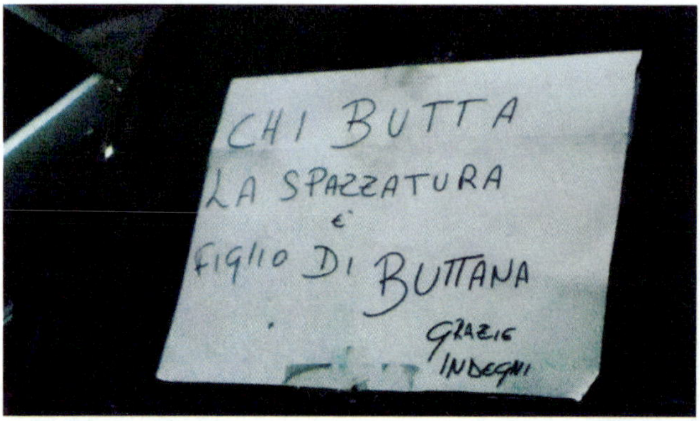
CHI BUTTA
LA SPAZZATURA
È
FIGLIO DI BUTTANA
GRAZIE
INDEGNI

RACCOLTA DIFFERENZIATA
REGALI
DI MERDA
Il Gruppo
Misto

PROCEDERE
A PASSO
D' UOMO ZOPPO

ANDATE
PIANO
PORCA
PUTTANA

SE ME SONATE È
P
EGGIO

I DRONI ZIO, I DRONI!

ANTIFURTO HI-TECH

BARBONI!
4 MESI PER
2 BUCHI DI
MERDA...
VE LO COMPRO
IO UN SACCO
DI
CATRAME
Citta' di Me

VIETATO
INTRODURRE
BAMBINI
VILLA-ADIBITA
A-FAR-CAGARE
I-CANI

SCEMPIO
COMMERCIALE

1 conf. di chele di granchio da 1 kg
1 conf. bocconcini di baccalà da 500 gr
€ 25,00
invece di € 20,00
SCADE IL

CONVIENE
LEVISSIMA NAT 4X1.5 L+2 GRATIS
€ 1,96
ANZICHÉ
1,96
LT 9,000
Al lt 0,22
735621
Fino al02/09/15

A CHI?

Prendi 1 Paghi 2
Marco

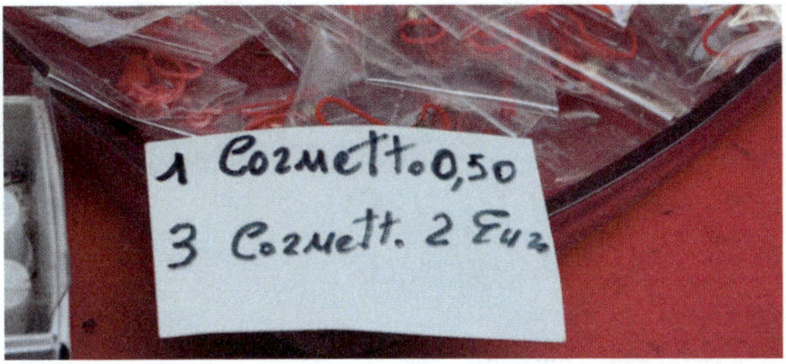


IL SENSO DEGLI AFFARI

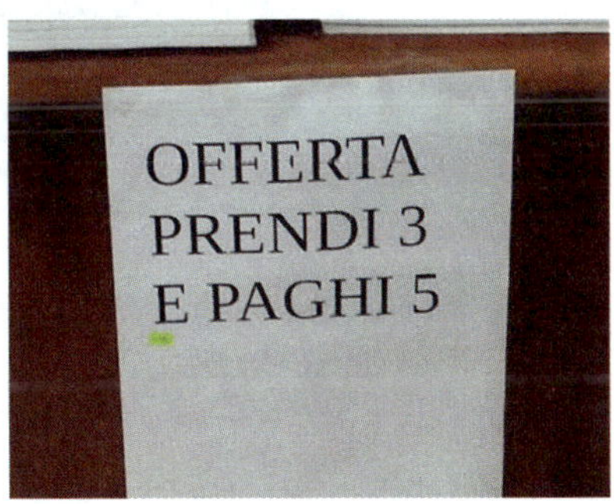

IL SOLO PULMINO CHE SI FERMA A TUTTE
LE STAZIONI DI SERVIZIO PER FARE PIPÌ !

L'UNICO CHE, ANCHE QUANDO GUIDA, RESTA SEMPRE... IN SERVIZIO

COL CORNETTO
ALGIDA POTETE
VINCERE I BIGLIETTI
PER IL CONCERTO DI
FEDEZ E J-AX,
PER QUESTO MOTIVO
IN QUESTO BAR
ABBIAMO I GELATI
SAMMONTANA

chi ruba
le penne
non vincerà
MAI...

L'ANATEMA

FERIE PER TUTTI

SINDACALMENTE INECCEPIBILE

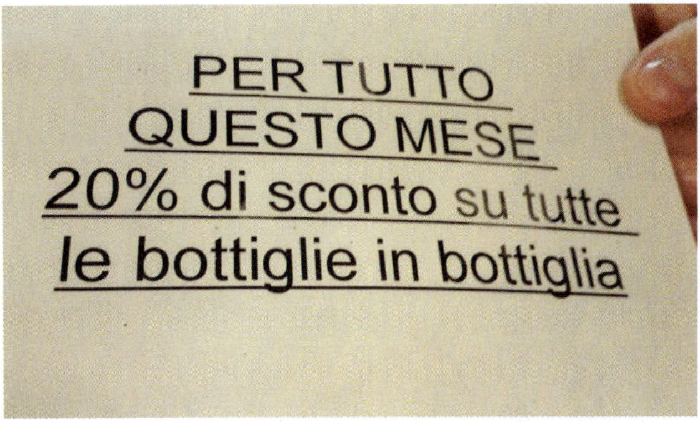


GIOCO DI INCASTRI

DIVERSIFICARE È IL FUTURO

VI FAREMO UN'OFFERTA CHE NON POTRETE RIFIUTARE...

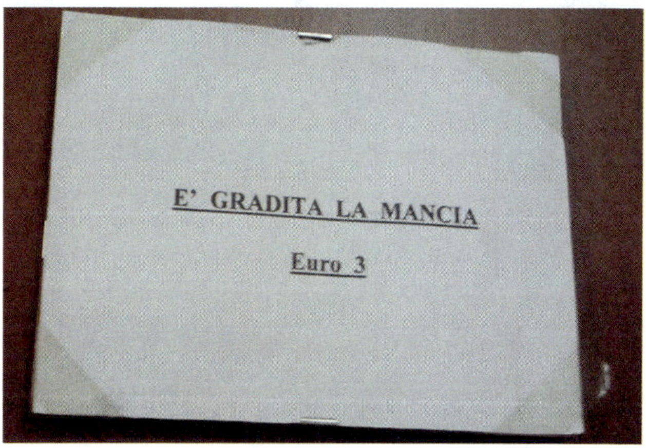


TRATTASI PERALTRO DI MANCIA CON EMISSIONI NOCIVE!

SO DI CLIENTI FERMI FUORI DA GIORNI

SE LE VUOI DIVERSE COSTA DI PIÙ

BASTARDO DENTRO... MA SINCERO

CI HAI CONVINTO

FATE PRIMA UN CONTROLLINO VOI

SUSPENSE

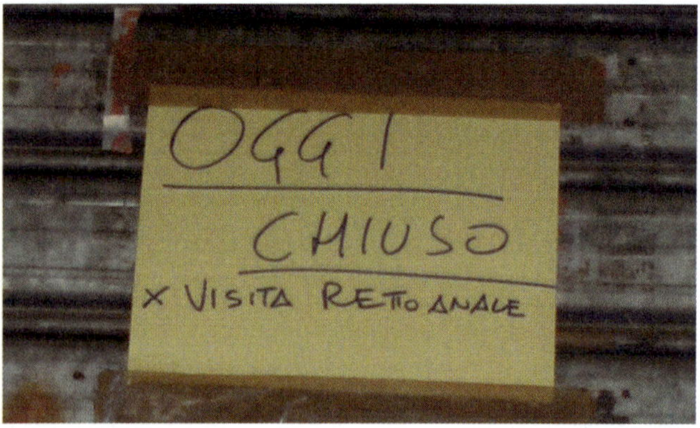


TRASPARENZA PER TRASPARENZA ADESSO ESIGO ANCHE IL REFERTO

VETRINA IN ALLESTIMENTO

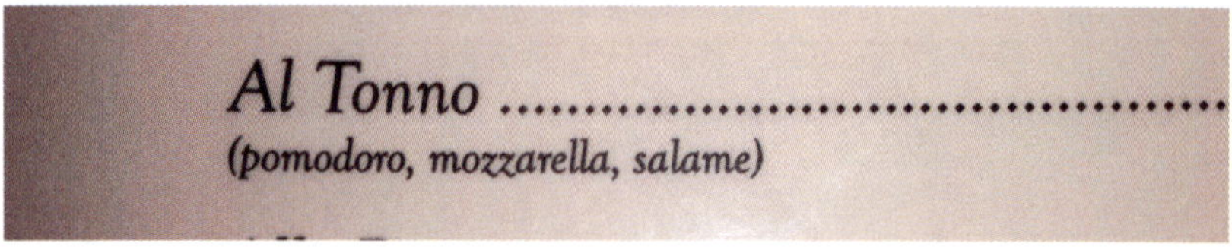


E IL TONNO???

PREMIO FAIR PLAY

SIMPATIA DA VENDERE

PER LA PRECISIONE

Mask-Calzino®
By FIBRE D.O.C.G.
MADE IN ITALY
Mask-Calzino®

NOi
BARISTE
DOBBIAMO
RIFARCI LE
ZINNE

MISU
OREA
ASSASSINA

CREDERCI, CREDERCI SEMPRE

COSA È IL GENIO?

PREMIO MIGLIOR CLAIM AUTOIRONICO

UNA VOLTA SE NON STUDIAVI ERI UN CIUCCIO
PER I FIORENTINI SE NON STUDI SEI UNA ZEBRA!

# XXXFACTOR (CONTENUTI ESPLICITI!)

iPhone 5
miniotta

PERCORSO
PEDOANALE

DO NOT
DISTURB

FINALMENTE È STATO TROVATO! È A PALERMO

LA PIZZERIA PREFERITA DAL MARCHESE DE SADE

O È DURA LA PIZZA O È SPREGIUDICATO IL FATTORINO

UMORISMO INGLESE: IDEALE PER SAN VALENTINO

MACELLAIO BUONTEMPONE

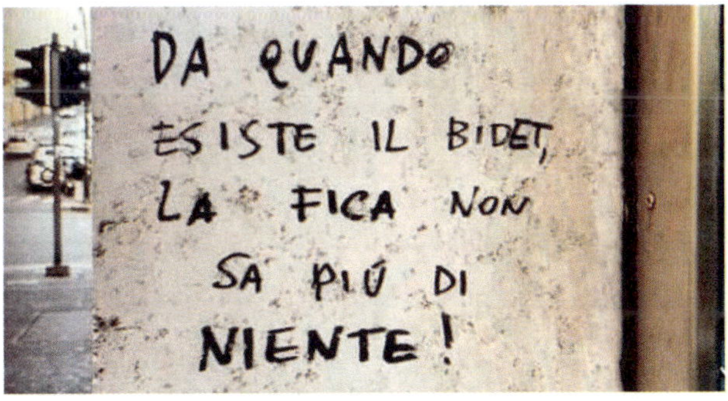

DINA
X UN GIRO IN AUDI DAREBBE
ANCHE IL
BUCO DEL CULO.....

fai tanto la suora,
Poi Sbagli coppella.

TI LECCAI LA SORCA
SEPPE DI PARADISO

UN CONSIGLIO DA AMICO

RIGOROSAMENTE IN QUEST'ORDINE, PER CARITÀ!

LA NOSTRA
PRIMA
SCOPATA

Peppe
Quado MI TOCHI
HOMIO DIO

NON FATE ARRABBIARE ROCCO SIFFREDI

LA BOCCA DELLA VERITÀ

AGITATO, NON MESCOLATO

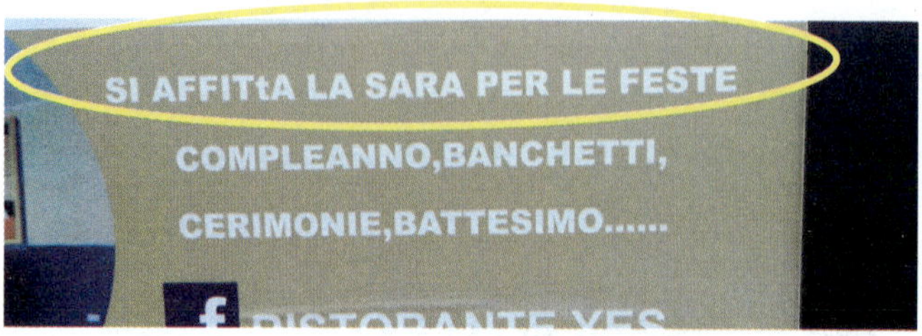
SI AFFITtA LA SARA PER LE FESTE
COMPLEANNO,BANCHETTI,
CERIMONIE,BATTESIMO......

POVERA SARA

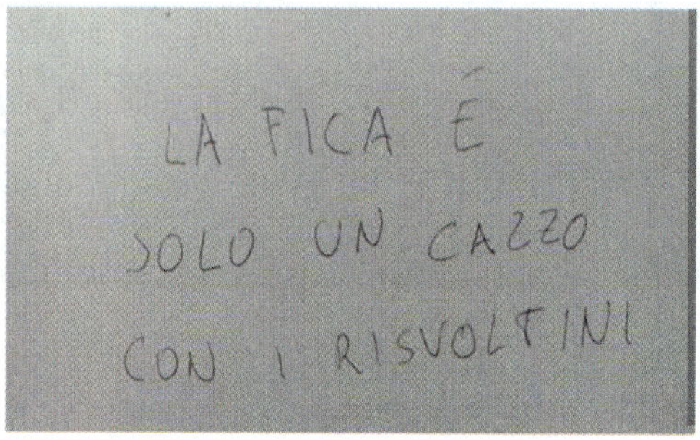
LA FICA É
SOLO UN CAZZO
CON I RISVOLTINI

VIA
FICAMARA

VARIE

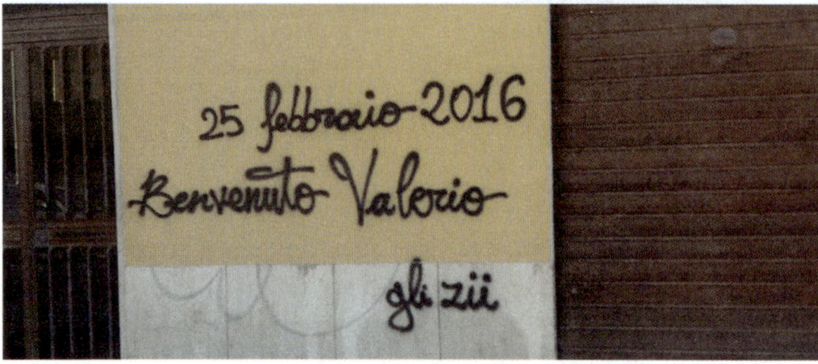


MA UNA TELEFONATA? UN BIGLIETTO?

GIUSTO, METÀ SCALA FUNZIONA, L'ALTRA METÀ È BRUCIATA
MA TANTO NON LA PAGHI!

VISTO IL LUOGO DIREI ALLA BRUNO VESPASIANO

BEH CON QUELLO CHE COSTA IL GASOLIO,
QUALCUNO AVRÀ COMINCIATO A TAROCCARLO!

QUANTA ENFASI PER UN ALBERO DI CACHI

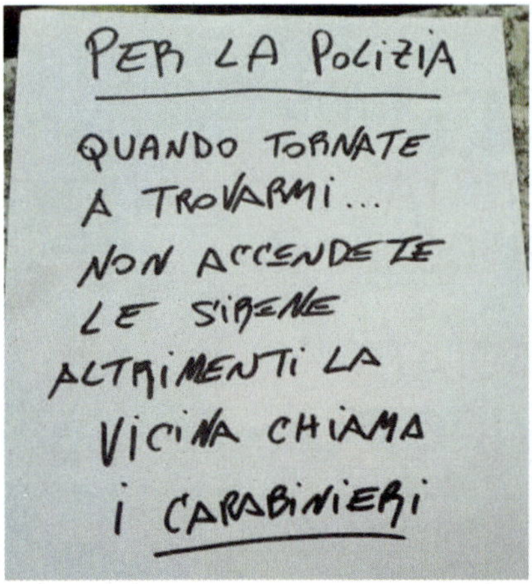

PRECAUZIONI

SPINGERE O TIRARE?
E AMLETO MUTO!

SI INFORMA TUTTO IL
PUBBLICO CHE DOPO
I GIORNI 24,25,26 E
27 DI GIUGNO
SEGUIRANNO I
GIORNI 28,29 E 30.
MOLTE GRAZIE PER
L'ATTENZIONE

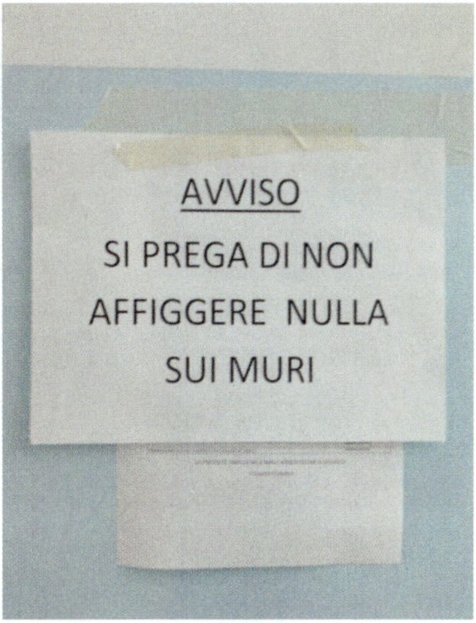
AVVISO
SI PREGA DI NON
AFFIGGERE NULLA
SUI MURI

DICEVAMO?

ACCATTIATV
E CAROT
PO' PUPAZZ

Vendo Jaguar.

NON SO SE PANDA E GIAGUARO ANDRANNO D'ACCORDO MA CI PROVO!

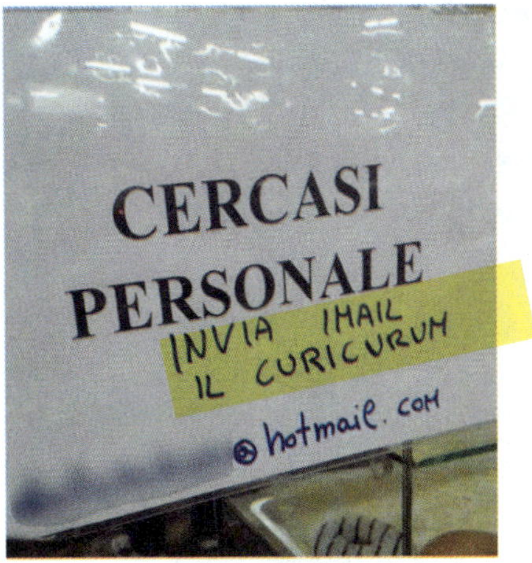


STARANNO CERCANDO QUALCUNO
CHE SCRIVA CORRETTAMENTE
GLI ANNUNCI DI LAVORO

GIUSTO,
LA PARITUDINE INNANZITUTTO

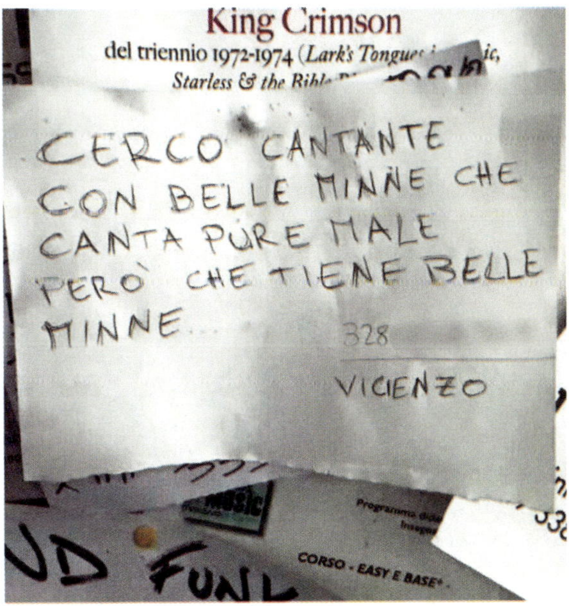

ECCO, IL SOLITO SFATICATO

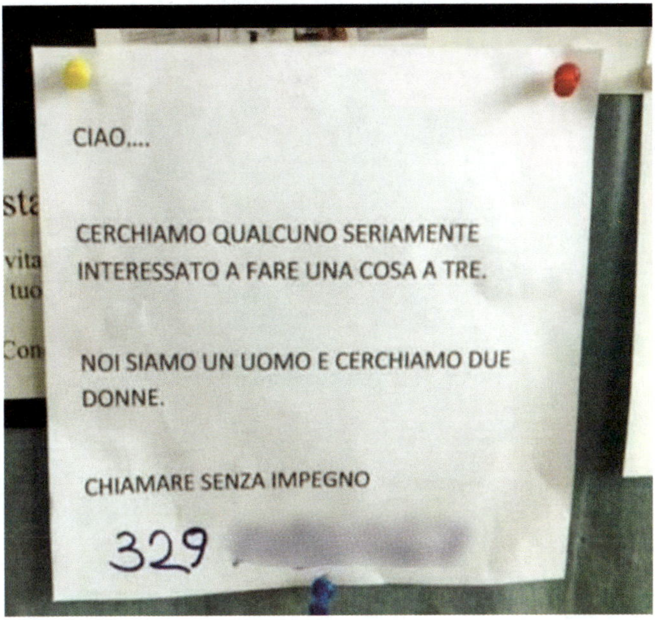

SONO DUNQUE AUTORIZZATO A PENSARE:
MA ALLORA CHI DIAVOLO ENTRA?

VALE PER TUTTI, GESÙ ESCLUSO

FELICITÀ, E TIRAR LO SCIACQUONE DIETRO AL PORTONE, LA FELICITÀ...

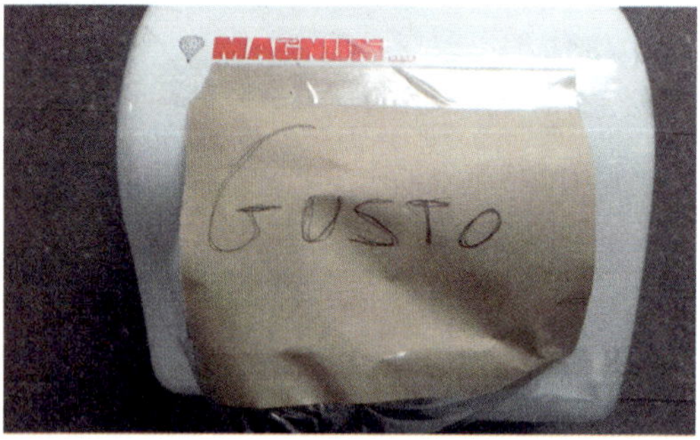


E SI SA: I GUSTI SON GUSTI

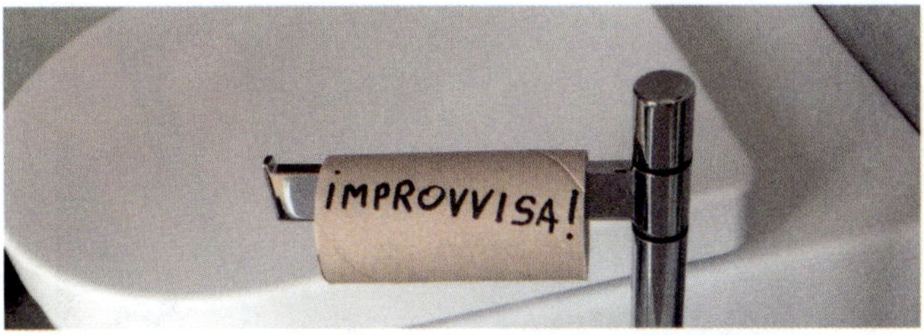


HAI CARTA BIANCA, ANZI NO È FINITA!

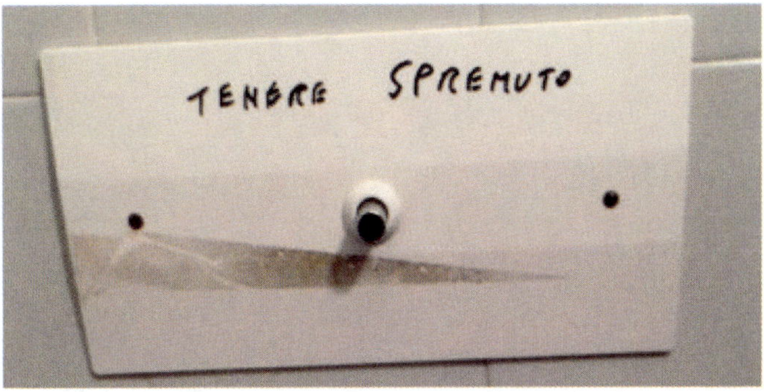


ODDIO! COSA ESATTAMENTE?

NESSUNO PUÒ SFUGGIRE AL PROPRIO CESTINO

E POI DICONO CHE NESSUNO SCRIVE PIÙ CARTOLINE...

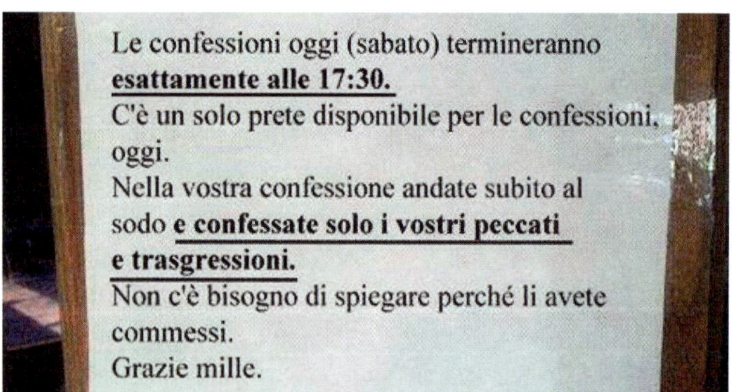

ESCLUSIVO!

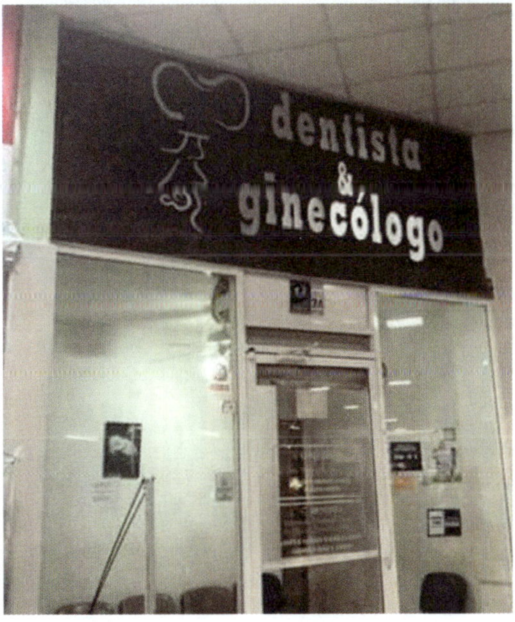


SIGNORA, È VENUTA PER UN'ESTRAZIONE,
MA NON VEDO NESSUN DENTE...

L'USCITA IN CASO DI INCENDIO A VENEZIA

TRASCORRERE IL TEMPO IN MODO... ONOREVOLE

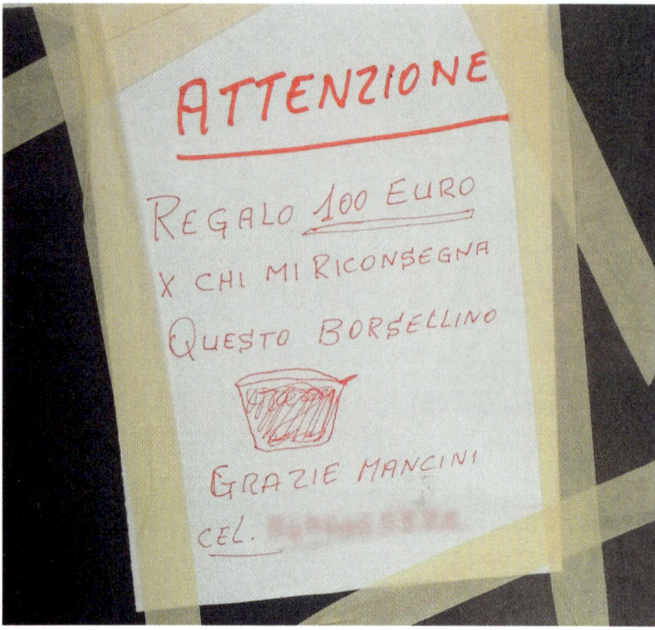


CHE TENEREZZA

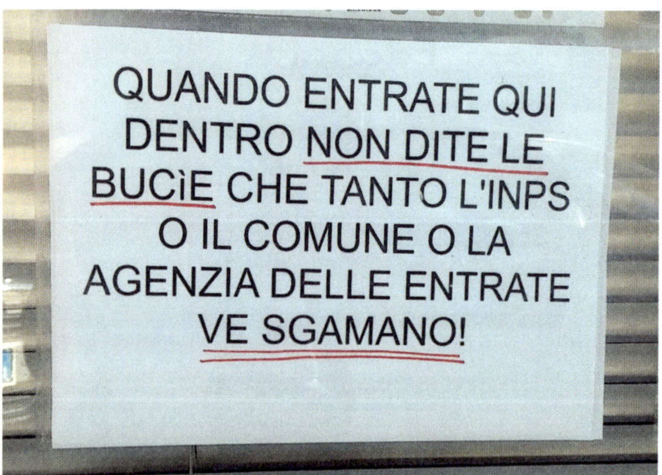

IL REMAKE DI «NON APRIRE (E CHIUDERE) QUELLA PORTA»

PRIMA FILA RISERVATA AI MANIACI.
BEH SEMPRE MEGLIO CHE AVERLI DIETRO IN EFFETTI

AVVISO PER I LADRI

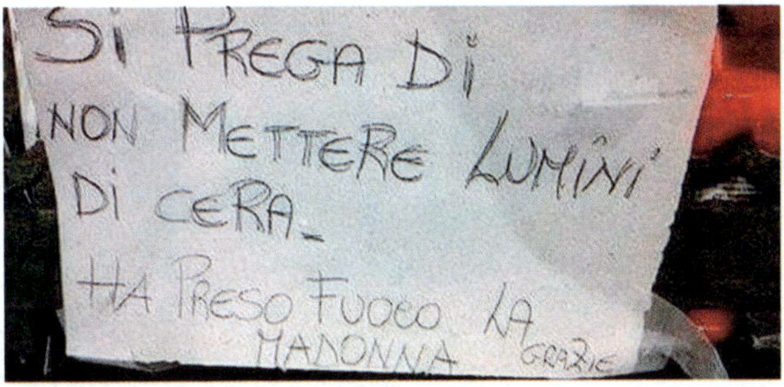


PERDERE IL LUMINO DELLA RAGIONE

I COSIDDETTI TAGLI ALL'ISTRUZIONE

VERSIONE AGGIORNATA DI «NON SPARARE SUL PIANISTA»

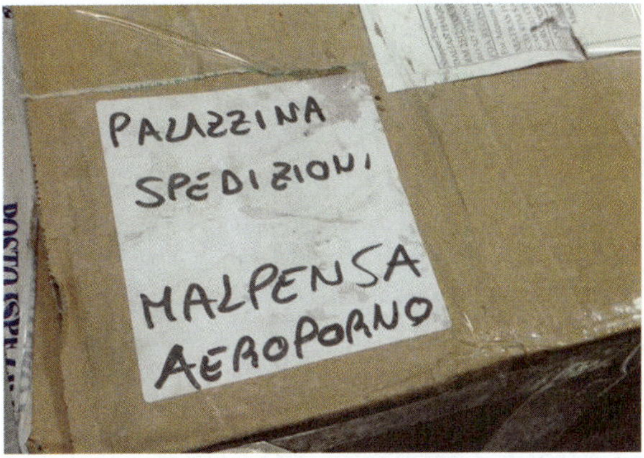


QUANDO TI FOTTONO I PACCHI

FILOSOFIA CICLISTICA

# INDICE

# COSA È TOG

**La Fondazione TOGETHER TO GO (TOG)** – Onlus nata a Milano nel 2011 – è un Centro di Eccellenza che offre terapie riabilitative GRATUITE a oltre 100 bambini colpiti da **patologie neurologiche complesse.**
Conosco bene la realtà della TOG. Purtroppo e per fortuna. *Purtroppo* perché il destino ha fatto sì che la conoscessi da vicino per motivi familiari. *Per fortuna* perché esistono, sono bravissimi e sorridono.
I bimbi curati nel Centro TOG sono affetti da lesioni del Sistema Nervoso, o di origine genetica o sviluppatesi nella vita intrauterina o conseguenti a traumi neonatali.
TOG si prefigge di curare i propri piccoli pazienti, offrendo a loro e alle loro famiglie strumenti per migliorare opportunità e qualità di vita.

TOG FONDAZIONE TOGETHER TO GO ONLUS
www.togethertogo.org

@AmiciDiTog
@AmicidiTOG
@amiciditog

Stampato nel novembre 2018 per conto di Baldini+Castoldi s.r.l.
presso La Tipografica Varese (VA)